神話香港史

開 埠 以 來 最 神 的 香 港 史

序

給不想花時間讀序的讀者：本書非常貪心，它試圖以現代筆觸建立另一種香港本地神明的形象，同時又打算藉由這些形象，敘述相關的香港歷史。

描繪神明是筆者我的一個夙願。

自小入廟拜神，已覺傳統神像和今人的審美有一定距離。本來那只是「或許神明形象可以更帥」的膚淺想法，但在開始推廣香港歷史後，我開始摸索將之與香港史相輔相成的進路。

事實上，以神明和神話為主題的流行創作屢見不鮮，時至今日在歐美、台日等地依然大行其道，香港圍繞本地神明的創作或許稍為少見，但亦不乏前人的成功例子。

起初我是以四位神明一組，結合歷史考據，設計出自家造型的神像插畫書籤。為了強調香港的多元，亦為了可以多說一些不同的歷史片段，我自第二組已經開始加入耶穌、濕婆等，普遍認為不屬於華人既有信仰體系的神明。

本書正是由這個我稱之為「香港眾神」的系列發展而成，亦保留了上述的理念——儘管它是個冒險的選擇。我其實大可以只描繪所謂華人們奉祀的佛、道神明，沒必要在本書中加入耶穌甚至真主等或許會引起爭議的神明，然而我還是希望當我們書寫香港的時候，盡可能呈現得更全面、更多元。

在這些主題下，我極力在尊重和趣味之間拿捏平衡：我必須確保自己的描述符合有關宗教主流的觀念（我必須承認自己無法顧全所有宗派思想），不過亦希望盡量讓內容不會過於正經八板，同時切合現代人的觀念。

這個也是我個人對信仰的看法。唯有我們嘗試以自己當下的觀念理解，我們才辦法實踐，以至傳承這些信仰和傳統。這個亦是本書嘗試以當代筆觸建立另一種神明形象的出發點。

亦由於考慮到本書是現代人寫給現代人閱讀的，我刻意降低了神話故事的篇本。因為在資訊發達的時代，大家若果對神明的傳說故事有興趣，絕對可以在網絡上找到更完整的故事。取而代之的，是神明信仰的發展，以及祂們和香港的關係，這種連結則相對較難直接在網絡上查閱。

在繪寫本書的過程中，我拜讀了盡可能多的前人研究。有關不同神明信仰的研究，往往單是個別神明的個別面向，已經足以成為一個研究主題。因此作為一本宏觀描寫大量神明的圖文書籍，我必須承認當中有許多觀點只是拾前人學者的牙慧，難有嶄新的論述。

香港民俗研究者周樹佳先生的《香港諸神：起源、廟宇與崇拜》記載極為全面，書中詳述了超過二百名本地神明，令我當初在計劃本書時直接打消以量取勝的念頭；危丁明教授結合在地信仰和社會發展的著作，是我宏觀理解香港道教發展的重要參考；科大衛、華琛、華若璧三位教授的著作，固然是香港史愛好者必讀之選，亦讓我得以理解中華帝國和地方宗族以信仰互動的脈絡。

台灣丁仁傑教授的論述，使我得以從更根本、內在的層面理解不同信仰，即使我缺乏學術能力在香港從事類似研究，但若果本書有讓任何一位本來不太留意民族信仰議題的朋友，碰巧接觸到丁教授的論述，絕對是我的榮幸；蕭登福教授對不同信仰極其詳盡的考據，讓我對許多原來不夠熟悉的神明有了結實的認知。

其他尚有很多學者前人的著作和論述，這裡受限於篇幅（截稿之時編輯說只能寫 4 頁）不能盡錄，但均詳列於書中參考資料頁內。本書學術價值甚低，他們大概不會翻閱，只是我仍然想在此表達我的敬意。因為正是結合了這些信仰和歷史的研究，我才得以創作出書中的神明形象。

書中共描繪了 54 組香港神明，其中部份是修改自當初書簽版本的造型。我參考了 SD 高達和黏土人的風格，將眾神系列整體從當初的寫實畫風，轉變成更見圓潤親和的 Q 版比例。外型設計上，我則援引了大量來自不同藝術風格、流行文化甚至世界各地文化的元素，希望神明們的形象顯得更現代、更獨特。

需要強調的是，這些神像不是以被供奉為前提而描繪的，它們更接近於流行和藝術創作。但這絕對不代表我沒有嚴肅看待本書的創作，事實上流行創作和神明信仰的流變是緊緊交纏的，書中許多神明的發展歷史均反覆敘述了這一點。

喺度想感謝冼老、李老、青 sir、賴 sir，以及幾位未必方便具名喺度致謝嘅前輩，佢地對眾神系列喺內容同推廣上嘅支持，係不可或缺嘅。
感謝明知我一出書就產量歸零都持續課金嘅 Patreon 金主，降低咗我嘅生存壓力，我只能夠應承會一直盡做，話畀大家聽值得養呢個香港創作者。
感謝幾年嚟所有畀 like 幫 share 嘅讀者朋友或者私人朋友，每一個支持都係我夜闌人靜質疑自己嗰陣繼續到嘅動力。
感謝所有參與試讀會嘅讀者以及同行朋友，你地無法想像呢壇嘢對我嚟講幾咁震撼同滾動。
感謝為本書推薦嘅羊格、柳廣成、華記、含蓄、陳煒舜教授、Dexter、蛀蟲米、米迦，以及提供學術意見的前輩同朋友，我明白呢啲支持同信任絕對係唔係必然嘅，萬分感激。
感謝編輯 Leanne、設計師 Kei，以及界限幾位店長店員，包容一個無乜才能，又成日表達唔到準確意思搞到要一改再改嘅作者。
感謝父母同女友嘅支持。

我視呢本書為另一個起點，希望呢世人有能力同機會，繪畫真正以信仰為目的嘅神像，糅合到現代美學同傳統文化，最理想係我呢啲創作再畀後世推陳出新，咁先係確實嘅傳承。

❶ 宗教

奉祀該位神明的宗教。由於香港的神明往往同時受多於一個宗教奉祀，這裡考量到畫面表達，並無完整詳列。

卍 瑣羅亞斯德教

✝ 基督宗教

☪ 伊斯蘭教

⛩ 神道教

🕉 印度教

☯ 道教

卍 佛教

👤 民間信仰
（儒教或部份官方信仰亦歸入此處）

❷ 性別

該位神明普遍較為人認知的性別。

♂ 男

♀ 女

⚥ 兼具男女形象

注：無分性別的神明，則此項從缺。

❸ 性質

該位神明為人奉祀的主要面向。

🌐 創世

✟ 偉人

⛰ 自然崇拜

🪷 佛菩薩

注：沒有明顯性質的神明，則此項從缺。

❹ 造型介紹

對該位神明在本書中造型的介紹以及有關考據。

❶

第三章 神與現代

張飛、劉備 ♂

❹

劉備的整體造型想像為黑社會頭目，配合史實中劉備勢力別具人情味、顏有江湖氣息的構成。另外而保留了大耳、穿草鞋這些常有的形象。

劉備和張飛的主要配色分別為金黃色和黑白色，參考香港傳統醒獅文化的用色。另外張飛的大衣亦是參考醒獅造型。

張飛背心外套和長褲的橙、紅配色，發想自寫其灣張飛廟外牆用色。

張飛傳統印象多為手持蛇矛，但和關帝一樣，持偃月刀一樣，他們史實中並未使用這些武器的記載。這裡以蛇的意象描繪了威猛，更以死悍的髑髏，髑顱頸骨造型的鎖身手是對香港三國主題經典漫畫《火鳳燎原》的致敬。

❷

❸

立即變黑晒翼德

176

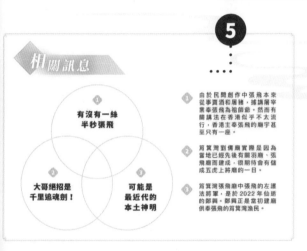

相關訊息

有沒有一絲
半秒張飛

大哥絕招是
千里追魂劍！

可能是
最近代的
本土神明

① 由於民間創作中張飛本來從事賣酒和屠豬，據講屠宰業奉張飛為祖師爺。然而有關講法在香港似乎不太流行，香港主奉張飛的廟宇甚至只有一座。

② 筲箕灣釘償廟實際是因為當地已經有關羽廟、張飛廟而建成，很期待有達成五虎上將廟的一日。

③ 筲箕灣張飛廟中張飛的左護法劉將軍，是於 2022 年仙近的鄭興。鄭興正是當初建廟供奉張飛的筲箕灣漁民。

能力值

神力
歷代的傳說實在不夠多

流行創作量
開羽張飛劉備趙雲

本土知名度
甚至連形象都定形了

掌管範圍
雖然香港鮮肉是中央屠宰的

幻變
近年變成美少女那些不算

鬼魅抗性　　捕魚技能

177

---

⑤ 相關訊息

有關該位神明及其神話、信仰事蹟的一鱗半爪，還有一些不保證好笑但竭力不淪為地獄哏的笑話。

⑥ 能力值

對該位神明各種表現的描述。能力值部份旨在增添閱讀趣味，此部份缺乏，並基本上不可能有足夠規模的考據支撐，其中必然有大量主觀及粗略的區分，還請無須盡真看待。

神力

該位神明在傳說中展現過的超凡能力，例如戰鬥、法力、造物的能力等。宗教敘事、人世時期的能力會優先考量，但顯靈、藝術創作均在考量之內。神格較高的神明會有額外加成。

流行創作量

該位神明在古今流行文化和藝術作品的人氣，例如登場機會、相關創作數目等。越近代、越流行、越接近娛樂性質而非宗教性質的創作會優先考量。

本土知名度

該位神明在香港本土的知名度。以祂命名的事物、相關習俗普遍程度、信徒圈子外的知名程度等均在考量之內。

掌管範圍

該位神明所掌管的範圍和領域，包括空間、地理上的範圍，以及行業、概念等非物質概念的範圍。

幻變

該位神明在歷史推進期間流變的程度，例如外形、性質、位階等。有大量變體，甚至衍生出其他不同名稱神明的變化會優先考量。

⑦ 能力

該位神明一些相對為人熟悉的保祐或祝福範疇。

5

介面說明

⑧ 粵語拼音

該位神明稱謂的粵語拼音，本書採用教育學院拼音方案（教院方案），無他因為編輯較喜歡用 7、8、9 標入聲調。（按：中文系出身的編輯表示終於有用武之地了。）

⑨ 神明及歷史介紹

該位神明的源起、有關信仰的歷史，以及特別與香港相關的歷史。但反正你也不會細讀吧。

第三章　神與現代

⑧

[dzoeng1 fei1 lau4 bei6]

張飛・劉備

張飛是三世紀時協助劉備建立漢帝國的重要將領，民間傳說他偏和關羽三人為結義兄弟，但和興盛的關帝信仰不同，張飛信仰相對不為大家熟悉。

降乩身張飛驅鬼邪 建桓廟善信酬神恩

⑨

筲箕灣張飛廟是香港罕有奉祀張飛的廟宇。據學者陳子安的研究，該廟建於 1980 年代，源於鄭興之弟鄭寶義中邪，最終具得一名和他們同樣來自惠東平海，奉張飛為師傅的靈媒，請來張飛降身於他身上為其驅邪。鄭興因此變賣家族的重要資產——漁船，還建廟供奉張飛，從平海張飛廟迎請張飛分靈到筲箕灣。張飛信仰自此在筲箕灣成為以水上族群為主的信仰，盛大的張飛誕節慶和賀誕競投活動，亦曾改善了當地坊眾等的經濟環境。1990 年代，當地居民在原有的關帝廟、新近建成的張飛廟外，添建了劉備廟。

水上居民居陸上

和今日的刻板印象相反，香港漁業實際上直到戰後仍然有長足發展。羅家輝博士的研究指出，由於戰後漁船的續航力有所突破，加上香港政府為了確保香港海產糧食自給而推動發展，八成香港漁船在 1970 年代已經機動化，當時漁獲不但足夠本土需要，更有餘裕外銷。然而水上人也有了上岸的選擇，後代有更大發展空間，不見得想要承接家業，本地漁業自然青黃不接。當 1990 年代香港政府政策轉向，香港漁船要與鄰近地區競爭越見困難，致使張飛誕的經濟動力伴隨著香港漁業發展同步衰減。

178

⑩ 補充介紹

與該位神明有關的宗教建築、地標、傳說或神明。

⑪ 順手推坑

與該位神明篇章內容有關的書籍，部份可能相對罕見，但反正我就是想推坑。

⑫ 羈絆

與該位神明篇章內容有關的其他神明篇章。本來此部份的出現頻率可能更高的，但這樣就會變成遊戲書了。

⑩

寺廟

筲箕灣張飛廟

筲箕灣張飛廟建成於 1982 年，附近除了關帝廟外，亦有座落在更高位置，以示地位較關羽、張飛二人為高的劉備廟。

順 手 推 坑

⑪

漁村變奏：廟宇、節日與筲箕灣地區歷史 (1872-2016)

陳子安著。2018 年中華書局

作者鉅細無遺地詳述了筲箕灣的社區發展，並以區內的信仰流變展示了不同群體的互動，事實上本書許多有關譚公及張飛信仰的內容，均大量參照了此書中的講法。筲箕灣社區的傳統信仰，至今仍然別具演變的動能，它們的發展源流再一次提醒我們，宗教信仰和生活、經濟以至政治的關連，直到這一刻始終是息息相關。

羈絆　如果你好奇為甚麼只有張飛、劉備，缺少了他們傳說中的結義兄弟的話。

P.96 關帝

⑫

179

7

目錄

目錄

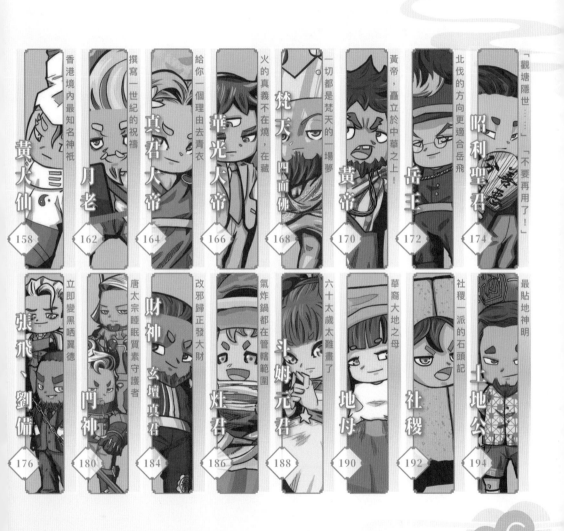

第一章

神與帝國

香港有上千年歷史，來自亞洲各地不同宗教的神明，在開埠之前已經是在香港各具代表性的信仰。

宋帝南逃

自古以來，中華帝國的信仰和政治就頻繁地影響香港。宋帝國皇帝趙昰為了逃避蒙古軍隊南逃，這段近距離接觸帝國朝廷的記憶，在香港人心中留下深刻印象，也影響了許多神明信仰的敘事。

遷界

清帝國為了斷絕敵國補給，強遷沿岸居民到內陸。過程間香港家破人亡者不知凡幾，復界後香港社會結構大幅改寫，信仰作為宗族的社區凝結中心，自然亦呼應了時代的劇烈變遷。

龍母 ♀

靈動的眉毛發想自劇集《權力遊戲》中「龍母」演員愛美莉格爾。她本人的眉毛說不定比這裡畫的更活潑一點。

頭飾取材自南越國出土文物，本來是從南越國皇帝趙眜墓中發現的飾品。

卍字型耳環對應荃灣龍母佛堂，龍母佛堂由廖月英居士創建，是一所主奉龍母的佛寺。由於龍母的母神性質，祂頗受女性信眾信奉；香港較為知名的荃灣龍母佛堂以及坪洲龍母廟，均是由女性創辦。

多變的髮型和腰間紋身，均對應古代越人斷髮紋身的文化風俗。

或許不易看出，不過龍紋身是來自哲學迅猛龍的meme。

Mother of Dragons

相關訊息

1. 龍不是毛孩是鱗孩

2. 秦始皇的追求對象

3. 有龍先還是有蛋先

1. 龍母收養的龍，在部份傳說中可以達五條之多，附近水域生物表示這根本是生態浩劫。

2. 秦始皇曾經強行徵召龍母到後宮，結果船隻多次被龍子阻撓，可見黃昏戀得到子女支持是很重要的（？）

3. 志怪小說《子不語》版本的龍母在食下李子後懷孕生下小龍，甚至哺乳餵養龍子，龍是哺乳類動物相信會震驚生物界。

能力值

神力 ◆◆◆◆◆
主要強在龍子的部份（？）

流行創作量 ◆◆◆◆◆
《權力遊戲》那個不算

本土知名度 ◆◆◆◆◆
坪洲龍母廟是當地著名廟宇

掌管範圍 ◆◆◆◆◆
水神的掌管範圍不會太小了

幻變 ◆◆◆◆◆
大致還是在龍母的範圍內

生育機率　　　海洋地形適性

龍母

龍母相傳是公元前三世紀端溪女性溫氏，祂曾經孵化、養育一隻水陸兩棲的爬蟲類動物，在更常見的傳說下，祂甚至生育了五條小龍，單是伙食費感覺就很驚人。然而後來溫氏不慎切斷龍尾，龍子因此出走多時。但正所謂一家人沒有隔夜仇，當秦始皇嬴政聽聞龍母事蹟，打算納溫氏為妾，派人強接祂上船移送到北方的時候，溫氏撫養的幾條龍都出手（準確而言是出爪）阻止。

直到溫氏死後，五條龍子再次現身，甚至有傳說指他們化身成人，好好安葬了龍母。在這些敘事當中，共通的是龍子們以人子身份為母親處理後事，反映了龍母故事被納入華夏文明後，敘事者是怎樣藉此強調「孝」的面向。另外，基於龍和降雨、河水等與水有關的事物連結甚深，馴龍而且居住於岸邊的龍母，順理成章地被奉為水神。

龍母與祂的產地

有關龍母被納為妾的故事，反映了越人和他們的後代對秦帝國南征百越，以及後來華夏帝國整合地方神明的記憶。學者林珊妏教授提出，華夏文明的龍母傳說，和越南蛇母傳說明顯有許多相似之處，只是蛇母傳說相對樸直，較少禮教痕跡。

Snake？Snake！？SNAAAKE！！

蛇本身即為越文化圈重要的圖騰，考古發現顯示本屬越文化圈的香港亦有同樣崇拜，在香港發現的公元前八世紀至前三世紀的陶器上，有著蛇的抽象幾何印紋。另外由於母神性質，龍母善信多以女性為主，香港的荃灣龍母佛堂及坪洲悅龍聖苑均是由女性創辦。

寺廟

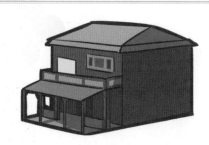

坪洲龍母廟

坪洲龍母廟又稱悅龍聖苑，最初由鍾玉明在 1941 年於九龍城建立，輾轉到坪洲現址，有指是區內規模最大的廟宇。廟內設有龍母的龍床，據講除了可以向其祈求好運，在求子方面亦特別靈驗。

順 手 推 坑

古代中國與越：中國南方邊境的自我認知與族群認同

錢德樑著，賴芊曄譯。2022 年八旗文化

作者結合考古學和語言學，在中原帝國的敘事之外，描述了一個多元、豐富的「越」文化圈。透過閱讀越人複雜的身份認同建構，我們可以更容易設想到包括香港先民在內的古代越人，是怎樣和來自北方的中原文明互動以至角力。

羈絆

也許今日從神像看起來不算明顯，但許多神明的起源亦和龍母一樣，有深厚的地方色彩。

P.48 金花夫人

盤瓠♂

戴帽造型蛻變自大澳石狗神壇的視覺印象。

考量到畫面表達，選取了盤瓠化身成狗首人身時的造型。傳說中盤瓠曾於金鐘內化身成人，本來牠需要花上七日，然而在第六日就被揭開金鐘，結果頭部無法幻化成人型。

山系風格外套源自盤瓠最後移居山上的傳說情節，黑、白、紅、藍、黃的配色，則來自志怪小說《搜神記》故事中盤瓠身上有五色的描述。

東方阿奴比斯

相關訊息

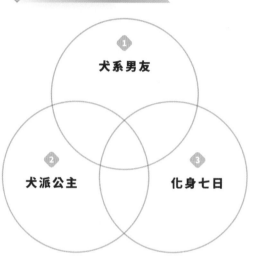

犬系男友①

犬派公主② 化身七日③

① 考慮到狗大概不需要黃金和封地，盤瓠為國王出戰的動機，似乎真的是為了迎娶公主，這肯定是真愛吧。

② 盤瓠戰勝後，國王本來對將公主許配予動物有所遲疑，但公主堅持履行承諾下嫁，還是說公主本來就是犬派？

③ 部份傳說中，盤瓠打算在金鐘中化七日時間變身成人。可惜社畜們在金鐘轉車轉了那麼久還是社畜。

能力值

神力　●●●●●
連變身也不太成功

流行創作量　●●●●●
某程度上是人獸故事無誤

本土知名度　●●●●●
連會讀「瓠」字的人也不多吧

掌管範圍　●●●●●
複數族群的範圍

幻變　●●●●●
直接變成盤古了

運勢

[pun4 wu6]

盤瓠

　　盤瓠神話最早可見於五世紀的《後漢書》，據記載祂本為一隻狗，為國王高辛氏出征，擊退了來犯的外族犬戎。戰後高辛氏不得已履行當初的承諾，將女兒許配予盤瓠，最後盤瓠攜妻子到山上居住。盤瓠被認為是畬、瑤族等華夏帝國眼中「南蠻」的先祖，流變中出現盤瓠後來化身成人的講法，祂作為祭祀對象的身份，在某些時候亦會被名字類近的盤古取代。

「爾乃蠻夷」

　　歷史學者王明珂教授指出，盤瓠傳說是漢帝國創造的神話，由於帝國實務上無法向南方徵稅，唯有藉由盤瓠家族移居南方山上的傳說，結合描述南方族群源自人狗雜交所生的歧視，解釋自己的困境。這類以非人類、半人半獸描述外族的手法，頻繁為中原帝國使用，香港頗有名氣的大嶼山盧亭魚人傳說，同樣源於漢人自命為文化中心，賤視「外圍」的蜑民等水上族群。不過回到盤瓠傳說，它的各種流變，正正顯示出南方族群了解到中原帝國加諸於他們身上的污名，嘗試以不同講法為自己去污名化。

香港石狗

　　在香港，部份講法主張盤瓠與盤古是同一信仰，然而兩者差異甚大。若果我們不將祂們劃上等號，則盤瓠信仰在香港現存只有大澳的石狗神壇。

神壇

大澳石狗神壇

大澳石狗神壇是香港目前唯一的盤瓠信仰場所，估計有超過一世紀歷史。它的存在，是畬族等非漢人族群在香港生活的痕跡，然而壇中石狗神像風化嚴重，亦說明了這些族群在香港為漢人同化多年的現象。神壇範圍非常細小，神像目前基本上已難以辨認具體輪廓，顯示盤瓠信仰的式微。

卐

佛陀

釋迦牟尼

波浪般的曲髮發想自犍陀羅風格的佛像。和東方常見的圓潤造型相異，犍陀深受希臘、羅馬的美術風格影響。

整體嘗試跳出東亞佛像的常見形象，例如桶中腦造型是轉化自肉髻，並配合整體數碼龐克風格而成，當然亦是直接引伸到桶中之腦的命題。

胸前的飾物轉化自莫高窟畫像。

摘下虛擬實境眼鏡的動作，直接對應佛佗的覺醒意象。

腿部的迴轉裝飾及靴上類似花瓣的輪廓線，發想自大嶼山天壇大佛的蓮座。

卐天上天下唯我獨尊卐

相關訊息

1. 每十個牙醫有九個震驚

2. 王子算是課金玩家嗎

3. 審美這回事是不斷演變的

1. 佛教經典《長阿含經》描述佛陀有「三十二相」，其中包括多達 40 隻牙齒，而且還潔白、平整、緊密，真的不考慮代言牙膏嗎？

2. 佛陀最初出家時有五名隨從，他們後來成為了佛陀最早的僧團「五比丘」，可見首抽好好修煉升級，就算版本更新也能夠應付。

3. 不同於東亞佛陀造像強調圓潤，犍陀羅風格佛像深受希臘影響，輪廓深邃的面容以現代人標準帥得簡直可以原地出道。

能力值

神力	● ● ● ● ●
超規格的存在	
流行創作量	● ● ● ● ○
特別推薦手塚治虫的《佛陀》	
本土知名度	● ● ● ● ●
需要解釋嗎	
掌管範圍	● ● ● ● ●
佛教的世界觀比漫威更大	
幻變	● ● ● ● ○
外形上變化也不少	

覺醒機率

佛陀

　　佛陀俗名悉達多，普遍認為祂生於公元前六世紀。相傳祂本為今日印度與尼泊爾交界之地「迦毗羅衛」的王子，出家修行後悟道成佛，創教廣傳佛法，其教團、教義、思想影響整個亞洲以至世界。「佛」的意思是覺悟者，「釋迦牟尼」大意則是出身釋迦族的聖人，原則上祂並非一般意義下的神。

至少不會塞船

　　香港有關佛教最早的記載，是關於在四至五世紀來到屯門的僧人杯渡禪師。由於位處海陸交匯之地，港闊水深，加上有高山屏護風雨，香港屯門自古以來已經是自南洋進入粵地，以及從粵地出海的重要港口。考慮到杯渡很可能是印度或東南亞僧人，他大概是為了循海路回國或者轉赴東南亞等地才到屯門。據載他曾經在青山，以及普遍認為當時已經建有靈渡寺的元朗靈渡山上修行了一段時間，過程中他以密咒為附近居民治病，因此離去後一直受人供奉。

香港三大古剎

　　靈渡寺、為紀念杯渡而建成的青山禪院，以及相信於十五世紀初建成的凌雲寺，被稱為香港三大古剎。整體而言，在二十世紀前香港的佛教信仰和民間信仰類似，民間對部份佛教概念有所認知，但佛寺仍以私人性質居多。然而隨著清帝國充公廟產，加上反清革命前後局勢動盪，在英國治下華人傳統及信仰仍然受到尊重，宗教環境自由的香港，就成為許多僧侶南逃的選擇，其中大嶼山又為他們隱居修行的重要聚居地。

香港三大古剎

元朗靈渡寺

元朗靈渡寺在四至五世紀已經建成，至今多次重新修建，是寺界的忒修斯之船。由於其間多次更改為道場，現今寺內同時亦有供奉道教神明。

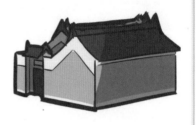

屯門青山禪院

屯門青山禪院約在四至五世紀建成，由於杯渡禪師曾於當地修行而聞名。院中「香海名山」牌樓，由香港總督金文泰親自提字。光是看維基百科的條目，就知道它的知名度要比另外兩剎高出多少。

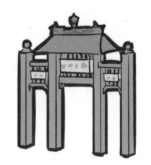

元朗凌雲寺

元朗凌雲寺建於十五世紀，是錦田鄉人鄧洪儀長子鄧欽所建。雖然以年份計算它算是大後輩，但它是唯一由女眾管理的古剎。

25

V 我是何東老婆 V

在香港華人儒、釋、道三教合一的觀念下，不少商人都樂於資助佛教，因此除了相對位處郊外的佛寺或道場，佛教亦有經營在香港市區的傳教工作。港島首間佛教寺院東蓮覺苑，由香港一代首富何東的妻子張靜蓉興辦。張靜蓉早於 1920 年代初已經邀請中國高僧來港演講，其後於 1935 創建東蓮覺苑，在建立女性道場外提供義學，為當時往往因家貧而失學的女性提供教育。

是素食，我加了素食

漢傳佛教的素食文化，亦成為相對入世的傳教途徑。佛教本無素食的戒律，六世紀時蕭氏梁帝國皇帝蕭衍篤信佛教，以國家權力禁止僧人吃肉，佛教徒亦視素食為具有道德價值的戒律。二十世紀初，歐陽藻裳等商人開辦了香港首家素食餐館東方小祇園，素食餐館既是佛教徒聚會的場所，亦是僧人演講及派發經書、刊物的地點。社會學家莊玉惜博士甚至主張當年東方小祇園選址於半山區堅道，既是開拓當區華人紳商的市場，更有於當區林立的其他西方宗教建築中，填補佛教空缺的意味。

日寺時期

日據時代，日本佛教致力在香港傳教，其中東本願寺僧侶宇津木二秀籌組香港佛教聯合會，以宗教角色執行軍政府籠絡人心的政治任務，香港重光後他為免佛教寺產被英國充公，要求華人居士以聯合會名義接收其產業。本地華人僧侶重啟的香港佛教聯合會，至今仍然是香港重要的佛教團體。

寺廟

大嶼山寶蓮寺天壇大佛

大嶼山寶蓮寺天壇大佛完工於 1993 年，高達 26.4 米（連蓮花座及基座則總高約 34 米）。天壇大佛寄託了對中國的愛國情感，建造時使用了中國的航天科技，寶蓮寺住持聖一法師甚至堅持中國大佛要中國造。有趣的是據中國方面的講法，日本有團隊表示可以免費建造大佛，但要求大佛面向東京方向，最終遭到拒絕。大佛最終面向北京所在的北方。

順　手　推　坑

香港眾生七千年——四十古代歷史人物誌

香港古事記著。2024 年蜂鳥出版

作者講述了 40 名香港古代人物，包括杯渡禪師在內的故事，以多元的敘事，重構香港古代的圖景。絕對不是因為這本書的插畫是由作者我本人繪畫才推坑的。

羈絆

如果你急不及待想要看到《聖☆哥傳》組合的話。

P.66 耶穌

洪聖 ♂

整體的夏威夷風格，是由南海延伸到南方海洋的發想。

模仿夏威夷火火舞的火棒，造型取材自鴨脷洲洪聖古廟門前的一對木製龍柱。龍柱據講有風水之用，可以抵擋來自對岸山丘的煞氣。

夏威夷風恤衫上的花紋，參考了灣仔洪聖古廟神壇布帳的刺繡。

頸上吊飾採用了八號風球東南方向信號球的造型，對應洪聖生前擅於觀察天象的傳說。

大海和財富都是積少成多

相關訊息

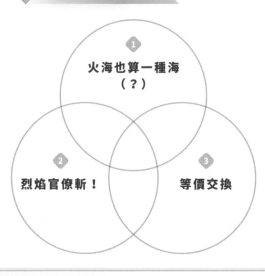

① 火海也算一種海（？）

② 烈焰官僚斬！

③ 等價交換

① 南方在五行中屬火，因此有講法主張掌管南海的神明本為火神祝融，後來南海神才獨自演變成洪聖。

② 洪聖起源有多種講法，由火神、地方官員，到出家的屠夫不等，加起來就是操縱火焰切割肉類的公務員（不要造謠）。

③ 洪聖屠夫起源中，指祂出家後剖出心肝投進海中，乘海中出現的彩雲成仙，只差沒有女神問祂丟的是金內臟還是銀內臟。

能力值

神力 ● ● ● ○ ○
如果算上祝融的部份就不一樣

流行創作量 ● ○ ○ ○ ○
氣象屬性其實頗有潛力

本土知名度 ● ● ● ○ ○
水神人氣競爭有點大

掌管範圍 ● ● ● ● ○
說不定亦取決於南海爭議（？）

幻變 ● ● ● ● ○
刺史轉職屠夫

 海洋地形適性　　 運勢

洪聖

洪聖被視為南海神，有講法主張祂來自自然信仰，最遲於六世紀末已經為隋帝國建廟供奉。另外常有講法指祂本名洪熙，是七至十世紀期間唐帝國的其中一任廣利刺史，對氣象深有認識，生時經常藉此協助沿海人民，離世後亦多番顯靈，因此獲建廟奉祀。和不少地方神明一樣，洪聖信仰同樣要面對為帝國官方認同的天后信仰挑戰，不過祂至今仍然是粵地有代表性的神明。

元朗を制すの大王

元朗大王古廟是香港相對較早建成的洪聖廟。十七世紀清帝國為了斷絕敵國補給，強行遷界，以暴力強逼南方沿海人民遷入內陸。1669 年，錦田宗族領袖鄧文蔚在復界之後，立即將大概已經於遷界期間荒廢的大橋墩墟，改設於今日稱為元朗舊墟的元朗墟，並興建了元朗大王古廟。元朗舊墟是當區附近重要的定期墟市，見證了香港受遷界令摧殘後經濟復甦的歷史，往後幾百年為鄧文蔚的後代提供了巨大的經濟利益，大王古廟則是墟內重要的宗教以及商議中心。

花炮爭奪，Ready —— Go ！

上水河上鄉的洪聖誕，是香港現今少數保存搶花炮儀式的地方。搶花炮是香港鄉村過往常見的儀式，多於神誕舉行，鄉中青壯男性會爭奪炮台射出的花炮，不同的花炮則代表著不同的好運。這種儀式過往經常衍生出暴力和受傷，因此在香港政府禁止下，近年多數已改為抽花炮，即使現存的搶花炮亦遠遠不如過往暴力。

寺廟

灣仔洪聖古廟

灣仔洪聖古廟最遲於1847年建成，見證當區在開埠後的發展。該廟原來依石而建，座落於海邊，現時在灣仔一帶多次填海後已經位處內陸。廟前的大王東街及大王西街，命名正是來自洪聖大王。

樊仙 ♂

整體配色參考大埔碗窰出土的青花瓷器及紋碟用色。

胸前「碗陶」二字和十字標誌，出自和神父繪製的《新安縣全圖》。和神父從意大利來港傳教，在傳教時繪製了歷史上第一份準確描繪香港全境的地圖《新安縣全圖》，圖中他將碗窰記載為「碗陶」，旁邊的十字標誌則說明當時碗窰一帶有著天主教堂。

頭帶花紋取材自上碗窰樊仙宮旁的碗窰公立學校壁雕。

手上捧著的陶雞，對應樊仙挽雞的形象，另一手的火焰，則是對應樊仙作為陶瓷業行業神控制火候的能力。

花型裙擺轉化自上碗窰樊仙宮中神像裙擺的視覺印象。

大埔隱世神明

相關訊息

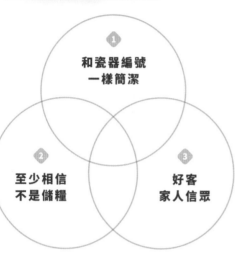

① 和瓷器編號一樣簡潔

② 至少相信不是儲糧

③ 好客家人信眾

① 按其中一種樊仙來源的講法，樊仙為樊氏三兄弟，分別名為樊大郎、樊二郎、樊三郎。想知道有沒有樊郎 MK–II 和 Z 樊郎。

② 碗窰鄉馬氏故鄉的樊仙像手上捧有一隻雞，但原因似乎只能推測。

③ 1860 年代天主教神父到大埔碗窰鄉傳教時，當地信奉樊仙的客家居民仍然願意捐出房屋作為其聖堂及宿舍之用。

能力值

神力　●●●○○
藝術性可能有 5

流行創作量　●○○○○
試舉出《人鬼情未了》以外的陶瓷主題故事

本土知名度　●●●●○
大埔絕跡了近一世紀的產業的確沒辦法了

掌管範圍　●●●○○
範圍去到我去不了的地方

幻變　●○○○○
基本上就是陶瓷業者

陶藝技能

[faan4 sin1]

樊仙

　　樊仙來源眾說紛紜，有前六世紀的工匠、十四至十七世紀明帝國人樊進德，以至樊氏三兄弟等幾種講法，共同之處是祂作為陶瓷業祖師爺和行業神的身份，因此業者開窰前均會奉祀樊仙。

遷界害人

　　約在十六世紀末，文氏和謝氏遷入大埔碗窰鄉，由於當地土質和樹木數量均適合燒造瓷器，他們開始製作以家庭用品為主的青花瓷器在本地銷售，但其時運輸通路不足以讓他們的瓷器外銷。十七世紀清帝國遷界，大埔陶瓷業被直接摧毀，雖然文氏在復界後回歸重操故業，可惜出品無論質量都已經大不如前，是香港本土製造業的一大損失。

香港製造的外銷瓷器

　　直到十八世紀時，馬氏族人遷入，他們除了購入文氏的窰場，亦在對方協助下重新發展陶瓷業。即使馬氏的瓷器無法重現當初不俗的技術水平，然而受惠於運輸系統的進步，他們成功以量取勝，將價格低廉的瓷器藉由陸路和水路外銷到粵地，而且從考古遺址中發現的穆斯林器物推斷，碗窰鄉出品甚至可能遠銷至東南亞。馬氏自此富甲一方，不但在1790年建興了樊仙宮供奉，日後亦成為合組大埔七約，建立太和墟市的一員。按英國接管新界後早年的報告顯示，1900年代碗窰鄉瓷器的年產量可達40萬件。只是隨著粵地運輸交通進步，碗窰鄉瓷器在水準和價格上都難敵競爭，最終無奈在1932年停產。

寺廟

上碗窰樊仙宮

上碗窰樊仙宮最遲於 1790 年建成，是香港目前唯一主祀樊仙的廟宇，因此這裡又要再一次提到它。樊仙宮旁邊建有碗窰公立學校，廟內亦曾經用作教職員辦公室。目前該廟附近亦設有碗窰展覽，介紹當地陶瓷業歷史和展出出土文物。

羈絆

更多隱世神明詳見：

P.118 西國大王

天后 ♀

腹肌和較深的膚色，對應沿海和高運動量的生活方式。

披風扣飾參考油麻地天后廟神壇前的扇形擺設，袖口的綠金兩色點綴則是發想自佛堂門天后古廟偏殿拱門的配色。

腰間的三角形扣構想來自水上三角天后廟。水上三角天后廟是香港唯一的廟船，有超過半世紀歷史，並於近年遷移上岸。

天后信仰在台灣極為興盛，這裡特意繪畫天后手持台灣著名的珍珠奶茶以作強調。（不要問我那枝飲管是不是塑膠製的）

繼承了傳統上天后的紅衣形象，同時加入了沙灘拖鞋等元素，增加海洋氣息。

無死角萬能女神

相關訊息

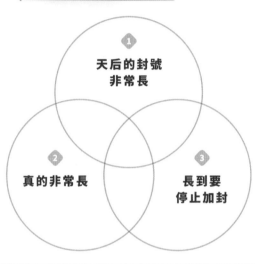

① 天后的封號
非常長

② 真的非常長

③ 長到要
停止加封

① 1857 年，清帝國誥封天后的封號已經累積為「護國庇民妙靈昭應弘仁普濟福佑群生誠感咸孚顯神贊順垂慈篤祐（待續）

② （承上）安瀾利運澤覃海宇恬波宣惠導流衍慶靖洋錫祉恩周德溥衛漕保泰振武綏疆天后之神」，我甚至要把它們分成兩段。

③ 清帝國後來特地訂明了天后封號日後以 42 字為限，不得再增，但下詔的清穆宗他老人家還是同時加封了「嘉佑」兩字。

能力值

神力 ●●●●●○
畢竟能夠吃掉其他神

流行創作量 ●●●●○○
台灣的有關創作很多

本土知名度 ●●●●●○
〈下一站天后〉都已經是老歌了

掌管範圍 ●●●●○○
華夏帝國南方一線神明

幻變 ●●●○○○
大致還是看管海上的女神

 生育機率

 海洋地形適性

 運勢

[tin1 hau6]

天后

相傳天后本姓林，又有媽祖一稱，生時是十世紀宋帝國福建地方的女巫，由於小時候不哭而有「林默娘」一名。傳說中天后生前未婚，在少時習得道術，展現出堪稱萬能的各種神通，包括治病、預知天氣、斬妖除魔、飛渡海上拯救遇難者，甚至有著元神出竅於海難中救出兄弟等神蹟。媽祖於 28 歲離世飛昇後，被認為是保祐出海平安的海神。

官方認證的國民女神

媽祖本為地方神明，十二世紀時，宋帝國將祂由地方神明冊封成受政權肯定的國家級神明。十三世紀時，元帝國重視漕運，將媽祖封為「天妃」，自此媽祖在帝國政權中的位階就接連提升，直到十八世紀時受清帝國封為天后。作為歷代帝國官方認可的神明，天后信仰廣佈東亞大陸南方地區，取代了許多地方神明，甚至在香港鄉村留下天后吞食其他早期地方神明的講法。人類學學者華琛教授將帝國這種以官方神明收編地方神明，以確立官方統治的過程，描述成一場征服。

天后 V.S. 媽祖

然而國家機器並非絕對的壓倒性力量，帝國與民間的施力是雙向的。今日台灣的媽祖信仰非常鼎盛，但歷史上民間有意識地傾向在官方廟宇外的另一座廟宇奉祀媽祖。是以華琛教授強調，同一名神明，台灣人至今仍然多以「媽祖」稱呼，而香港及粵地則多採用官方封號「天后」，反映了各地對官方廟宇的情感。

傳說

沙江媽

沙江媽是流浮山一帶沙江圍的地方神明，今日只餘下一塊被認為是祂的石塊受人供奉。香港復界後，廈村鄧族在沙江媽社壇上興建天后廟，沙江媽從此被取而代之，留下了天后把沙江媽吃掉的講法。

順 手 推 坑

鄉土香港──新界的政治、性別及禮儀

華琛、華若璧著，張婉麗、盛思維譯。2011 年香港中文大學

兩位作者以人類學學者的專業，研究和探討元朗鄉村宗族的文化傳統，本章中許多天后信仰對香港鄉村的社會意義，往往是參考此本經典著作的論述。宗教、禮儀、傳統，還有政治，在任何一個社會也是密不可分。

1421：鄭和沒有發現世界

基於華夏帝國在倡導個別信仰時，不會（或不能）完全消滅該信仰的不同敘事和面向，同樣是天后信仰，對不同的人亦有不同的象徵意義。於帝國和受其庇蔭的航海商人而言，天后最重要的職能是維持海面秩序。十五世紀初七次遠征海上的明帝國宦官鄭和，於記載其航海經歷的碑記《天妃靈應之記》中，就將他代表明帝國征服和殖民遠洋國家的成就，歸功於國家威信和天妃媽祖的庇佑。

上有好者下必有甚焉

香港最古老的天后廟，普遍認同是建於十三世紀的西貢佛堂門天后古廟，然而早年天后信仰主要為水上人和相關族群信奉，在新界宗族相對不彰。華琛教授主張，天后受官方認可的性質，加上其維持海面和社會和平穩定的面向，使得活在海盜威脅下的新界宗族，在十七世紀復界之後開始大量建廟奉祀天后。他們藉此向清帝國表忠，並同時透過天后信仰，向奉祀其他神明的衛星村落展示勢力範圍。

女神當然也會有女性 fans

相較重視天后信仰社會面向的鄉村男性，新界鄉村的女性似乎更傾向和天后建立私人而且獨立的關係，認為天后是母親般的女性長輩，並能夠保祐生育。若果將之一併與有女神性質的觀音來看，與其說女性選擇了將女神們視為女性長輩，倒不如說當中存在倖存者偏差，唯有這種形象才易於在父權社會中傳承。至此我們亦不難理解，何以有講法指天后是觀音的化身之一。

寺廟

佛堂門天后古廟

◇◇◇◇◇◇◇◇◇◇◇◇◇

佛堂門天后古廟最遲在 1266 年建成，是香港現存最古老的天后廟（那個時候歐洲甚至還在十字軍東征）。按祖籍福建，後來移居九龍竹園的林氏宗族族譜所載，該廟為一對林氏兄弟一次船難墮海，獲天后拯救後感恩所建。

海盜前線據點

1753 年，鄭成功舊部鄭建的後代，海盜鄭連昌於鯉魚門建立天后宮奉祀。香港一帶自古以來已是海上貿易的重要港口，連帶亦成為海盜和走私商人的據點之一，鄭建及其後代很可能在遷界時已經落海為寇，並活躍在香港範圍。鄭連昌選中鯉魚門，顯然是由於後來被稱為維多利亞港的水域，本來就是重要商業航線，是以鯉魚門有著控制港口的戰略價值。事實上，相信和鄭連昌同輩的鄭連福，亦盤踞大嶼山一帶。有指鯉魚門天后廟實質上是鄭連昌的哨站，以便他劫掠途徑船隻，不過無論如何，該廟都顯示了鄭連昌的天后信仰。

多面向的全能天后

鄭連昌除了要求後人傳承之外，沒有留下足夠的自述或記載，讓我們理解他具體是如何看待天后信仰，他的想法最可能是回歸天后保佑出海者平安，免遭風浪的海神面向。然而他的故事提醒了我們，在海神、女神、代表帝國威信平亂的官方神明之外，天后甚至亦同時守護帝國希望維持長治久安的敵人——海盜。這些多樣的敘事和面向本身，甚至不一定存在矛盾。今日香港境內的天后廟，基本上沒有具體從屬關係，或許就是由於始終處於海洋與大陸帝國邊界的香港，保留了天后的種種敘事。

寺廟

鯉魚門天后宮

鯉魚門天后宮建於 1753 年，由海盜鄭連昌所建。該廟位於海峽邊，因此有講法指鯉魚門天后廟實質上是鄭連昌的哨站。只要看到廟前的兩門古炮，再遠望維港對岸，由筲箕灣鯉魚門炮台改建的香港海防博物館，大概就能想像到鄭連昌是怎樣在鯉魚門玩塔防。

觀世音菩薩 ♂♀

頭冠參考二世紀中亞貴霜帝國及十二世紀圖博兩地造像的設計，蓮花設計的耳機則取自觀世音的字面本義。

特別高的頭身比，意象來自慈山寺達76米高的觀音像。

服裝上的花紋呈流體畫風格，發想自觀音有諸多化身的意象。

衣帶花紋取材自元朗凌雲寺觀音像，腰間飾物則參考唐卡風格。

觀音往往手執楊枝甘露，這裡以分持兩者的方式表現，甘露亦直接呈寶瓶形狀。

觀音的性別是觀音

相關訊息

BA_DAI
都自愧不如

① 誕辰
也有 DLC

③ 想知道穆迪
的信貸評級

1. 有指觀音有 33 種化身，除了大家相對熟悉的楊柳觀音、水月觀音外，也會有如蛤蜊觀音這種真的坐在蛤蜊中的化身。

2. 觀音誕普遍為農曆二月十九日（生日）、六月十九日（成道）及九月十九日（出家），香港民間還增設了「入海成水神」的十一月十九日。

3. 在觀音借庫的習俗中，善信能以借錢方式，從觀音求得寫有高額銀碼的紅紙，保佑來年財運。

能力值

神力 ●●●●○
而且從借庫來看財力說不定也有 5

流行創作量 ●●●●●
一直都是藝術創作熱門主題

本土知名度 ●●●●●
知名度大概和佛陀一樣高

掌管範圍 ●●●●●
佛教隨便都是多元宇宙級的

幻變 ●●●●●
化身跨越各種性別和社經階級

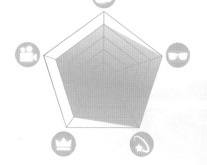

 覺醒機率　　 生育機率　　 財運

[gun1 jam1]

[gun1 jam1]
觀音

有關觀世音菩薩來源的講法，與祂後來的化身一樣繁多，多數講法都圍繞祂源自印度和馬相關的神話或神明；較少分歧的講法，是觀音在公元一世紀左右正式作為人形神明出現。初期觀音的形象是留鬚男性，最遲在約二世紀時，觀音傳入東亞大陸，然而在頗長的一段時間內，祂的神力和神格以佛經標準都難言突出，直到公元七世紀後，祂開始被形塑成能夠治病驅鬼，繼而約在十世紀被定型為女神。

華夏女性的守護神

在華夏文明的父權社會下，觀音相較道教其他被加諸官僚體系想像的男性神明更為女性信任，祂的母親性質讓女性在家庭範圍內，保有對宗教儀式的話語權。在重視傳宗接代的華夏社會，這點與觀音作為生育神的面向相輔相成，因為生育即是女性家庭地位和權力的來源。

然而漢學家桑高仁教授強調，觀音作為女神的純潔及正面性，是建基於祂在承擔了母親的角色前，先拒絕成為女兒和妻子的角色。在與觀音女性屬性連結最深的妙善傳說中，觀音的化身妙善公主為了修道拒絕出嫁，因此被父王逼害，最後卻救治了父王。觀音迴避成為妻子，但又被視為能夠送子的「童貞聖母」角色，反映了古人一方面需要生育的力量延續社會，另一方面又把年輕女性和他們的性吸引力視為威脅，因此只肯定女性作為母親的特質。今日香港社會一些對女性仍然存在的束縛，例如將衣著打扮與道德連結，即為這些觀念的殘留。

傳說

觀音妙善傳說

妙善公主傳說是觀音其中一個起源故事。相傳妙善公主和他的兩位姊姊不同，堅拒出嫁，即使因此遭父王幽禁，仍然靜心修行。在不同的版本當中，國王嘗試處死甚至真的處死了違抗自己的妙善，但大致相同的是，當後來國王患上重病，妙善再次現身，以自己的雙眼和雙手為藥治療了國王。妙善的身體最終奇蹟復原，並修成正果；部份講法中，妙善以 500 倍的程度復原，長出了千手千眼，成為千手千眼觀音的形象。

羈絆

要是說觀音、天后信仰顯示了華夏社會對女性的束縛，那麼七姐甚至是連自身都受到束縛的神明。

P.154 七姐

金花夫人♀

兩肩設計發想自坪洲金花廟門前的龍柱，但為了配合整體具原始和巫術色彩的風格，將其詮釋成蛇骨。

由女巫經歷延伸，採用了帶有薩滿風格的裝扮。

項鍊部份對應青龍頭金花廟神像上的大量項鍊。大概是為了強調神明地位尊貴，不同女性神明的神像上往往都有不少的項鍊裝飾。

本土的巫女，帝國的淫神

相關訊息

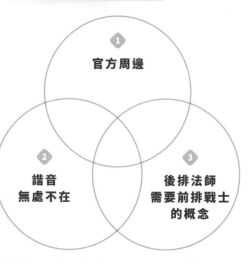

① 官方周邊

② 諧音 無處不在

③ 後排法師 需要前排戰士 的概念

① 傳說金花夫人投湖自盡後，湖中浮現了神似祂本人的木像，從此被當地人奉為神像膜拜。

② 據講向金花夫人求子甚為靈驗，油麻地天后廟甚至有售賣金花娘娘加佑的迷你鏟子。
※「鏟子」為「產子」諧音

③ 以出演黃飛鴻聞名的關德興，是金花夫人的著名善信，死後甚至被封為護法大將軍。

能力值

神力 ●●●○○○
女巫大概就是妙麗的強度（？）

流行創作量 ●●○○○○
關德興的故事很有潛力

本土知名度 ●○○○○○
求子屬性神明普遍也漸漸不為大家熟悉

掌管範圍 ●●●●○○
信仰範圍甚廣

幻變 ●○○○○○
那尊木像大概不是由本體變成的

生育機率

金花夫人

金花夫人相傳本名即是金花，不同傳說多數會提及祂生時是粵地女巫，未有出嫁，不幸溺死後屍體數日不壞，更散發異香。《粵小記》指金花夫人是由於為官員妻子求子被視為巫女，無人願意迎娶，因此投湖自盡。若果我們結合《廣東新語》指祂擅於「調媚鬼神」，以美貌討好神靈為人求子的描述來看，故事的輪廓似乎就清晰不少。金花夫人死後，湖中浮現與其容貌相似的木像，自此被奉為地方神明，並以上女巫身顯靈。

朝廷不認可就是淫神

十六世紀，明帝國取締粵地的「淫祠」（必須強調這些的「淫」，主要取其「多餘、不必要」的本意），全面打擊帝國不認可的地方神明。許多有著年輕、美貌形象的女神，以及與祂們相關的女巫，被視為對儒家傳統禮教的威脅，因此即使是曾受官方認可的金花夫人廟亦不免遭殃。然而國家機器始終沒能殲滅巫覡的民間宗教儀式，它們最後藉由和鄉約的禮儀結合生存下去，很多「淫祠」中的神明亦得到傳承。

香港本土神明關德興

香港的金花夫人信仰同樣集中在求子的面向上，其中坪洲金花廟據講建於 1762 年，於 1978 年重建。香港著名演員關德興為坪洲金花廟之善信，據講祂在離世後被封為金花夫人的護法大將軍，因此獲立像安放於金花夫人旁邊受人供奉。

坪洲金花廟

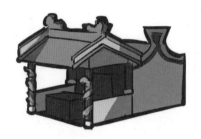

◇◇◇◇◇◇◇◇◇◇◇◇

坪洲金花廟建於 1762 年，相傳是一名藥師為了答謝金花夫人治好其妻子而建成。上文提及的護法大將軍關德興，源於相傳關德興獲金花夫人托夢，其後成為該廟善信。關德興晚年再遇到金花夫人顯靈，邀請其一起普渡眾生，最終在離世後位列仙班。

順 手 推 坑

皇帝和祖宗：華南的國家與宗族

科大衛著，卜永堅譯。2017 年商務印書館

作者從華夏帝國南方的宗族歷史，探討整個社會結構。宗族作為地方的一股有機勢力，和帝國體制的國家權力有著複雜的互動，其中許多角力正是在宗教和信仰上體現。

車公 ♂

翎毛參考蠔涌車公廟神像的造型。蠔涌車公廟相傳有近五百年歷史，廟中現存最古老的碑銘則立於十九世紀。

頭飾取材自沙田車公廟神像的頭盔造型。

整體繼承了車公赤腳持斧的形象，斧頭造型則結合了沙田車公廟著名的風車元素。

由於車公有文官及武官等不同形象，這裡結合了短袖和大袖的造型，並以腳上的肌內效貼布加強運動量大的形象。

行走的神型抗生素

相關訊息

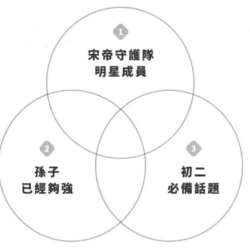

① 宋帝守護隊 明星成員

② 孫子 已經夠強

③ 初二 必備話題

① 祂的官階或許不是最高的，但可能是在護送宋帝南逃香港的將領中最著名的神祇。

② 相傳蠔涌車公古廟只是借出車公孫子神像到沙田巡遊已經得以驅除當地瘟疫，車公本神的抗疫能力恐怕還在其之上。

③ 每年初二香港特別行政區政府均會派出官員到沙田車公廟求籤，充滿解讀空間的籤文堪稱是日最熱門話題。

能力值

神力　●●●●○○
比起驅除瘟疫，籤文的一矢中的說不定更厲害

流行創作量　●○○○○○
意外地罕見

本土知名度　●●●●●○
毫無懸念的知名

掌管範圍　●○○○○○
相對算是地區神明

幻變　●○○○○○
武將和文官差異算不大吧

 運勢　　疾病狀態解除

車公

　　車公一般未有流傳姓名。和許多香港神明一樣，相傳祂本為十三世紀的宋帝國將領，在蒙古帝國攻陷首都後，護送宋帝趙昺的流亡政權南逃香港。

團結沙田的抗疫神

　　今日車公信仰相對以沙田車公廟為人熟悉，目前車公廟後的車公古廟，則是昔時沙田九約村民建立「約」這種同盟關係的共同基礎。相傳古廟源於幾世紀前村民獲車公報夢及顯靈而建成；另一個較為常見的說法，則是十七世紀末沙田爆發瘟疫，村民從西貢蠔涌車公古廟中請來神像抬出沙田巡遊，成功驅散瘟疫，並視之為車公顯靈，開始每十年打醮的傳統。相對可以肯定的是，香港古時械鬥及盜寇侵擾頻繁，建立「約」最實務上的理由大概是團結自保。因此和許多廟宇一樣，作為社區凝結核心的沙田車公廟，其業權和管理均深具九約競爭內部政治和商業利益的價值。

華人廟宇委員會

　　1920 年代，香港受中國局勢牽動爆發港省大罷工，港督金文泰在平息罷工後，致力連結華裔港商，推動傳統漢學以鞏固香港政府管治。1928 年華人廟宇委員成立，既是旨在由官方機構接管香港和九龍各座產權異常混亂的廟宇，相信亦不無掌握港九城市地區傳統華人文化發展方向的動機。儘管華人廟宇委員會早期少有接管當時香港政府尚未發展的新界地區廟宇，沙田車公古廟長久的業務糾紛，令它成為少數例外。

寺廟

蠔涌車公古廟

◇◇◇◇◇◇◇◇◇◇

蠔涌車公古廟相傳建於 1555 年，大約就是葡萄牙人東來，進駐澳門的年代。相傳廟內的白馬石像本為車公坐騎，後來石像卻被風水師認為它成精吃掉農作物，導致當年失收，結果石像被埋於廟前，更被村民以香爐鎮壓。

北帝 ♂

雖然由於畫面表現原因，把劍鋒換成光劍，但劍柄造型取材自長洲玉虛宮內的古劍。古劍相傳是宋帝國皇帝趙昺南逃經過長洲時，護駕將軍投入海中以震懾風浪的寶劍。據講日據時期有日軍一度偷去此劍，但反而突然死去。

下顎的星形發想自長洲玉虛宮的傳說。據講長洲居民曾在當地失火時遇到北帝顯靈，事後玉虛宮北帝神像的鬍鬚被燒，只餘下插上鬍鬚的孔洞。只能說水屬性似乎不等於就會有絕對的火焰抗性。

腰帶發想自灣仔玉虛宮門柱的造型。

在繼承了北帝赤足、披頭散髮的形象外，大幅減少祂被描述成將軍的痕跡，以強調祂本為自然信仰的面向。

相傳北帝腳踏蛇龜，有統領北方玄武星宿的意象，這裡選擇了香港境內可見的紅脖游蛇和綠蠵龜。

水系暗黑星神

相關訊息

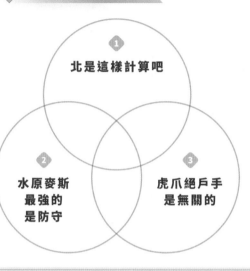

① 北是這樣計算吧

② 水原麥斯
最強的
是防守

③ 虎爪絕戶手
是無關的

① 北方屬水，因此北方之神北帝亦掌管所有水屬性的事物，理論上你和我的身體都有七成是由祂掌管。

② 玄武形象為龜和蛇，而北帝來自玄武七宿，因此北帝亦有兩腳分踏龜、蛇的形象。這樣還能夠保持平衡真不愧是神。

③ 有經書記載北帝是太上老君化身之一，曾於武當山修行。《倚天屠龍記》中張三丰正是在北帝神像前創下真武七截陣。

能力值

神力 ●●●●●○
純元素能力太強大了

流行創作量 ●●●○○○
《北遊記》相對冷門

本土知名度 ●●●●○○
太平清醮有莫大功勞

掌管範圍 ●●●●●○
連挪威那條三文魚也是北方的

幻變 ●●●●○○
由星宿變水神的過程堪比 Mario

 壽命最大值　　　海洋地形適性

[bak7 dai3]

北帝

　　北帝本由星宿崇拜演變而成，有著象徵北方玄武七宿以至北斗七星等不同講法，由於道教主張北斗掌管人間壽命，故此亦有祈壽須奉祀北帝的講法。亦因為北方屬水，北帝同時被視為水神。十五世紀時明帝國廣推北帝信仰，令北帝的神格大有提升。

未有巨型魚蛋和芒果糯米糍的長洲

　　由於水神性質，北帝信仰在位處海陸之交，人民和海洋關係密切的香港相對興盛，其中至今仍以太平清醮聞名的長洲北帝廟相對較為人知。該廟早於 1783 年建成，源於 1777 年長洲發生瘟疫，當地漁民從惠陽迎請北帝神像到長洲驅疫，繼而建廟奉祀。1894 年，香港爆發鼠疫，波及今日香港範圍各地，有指長洲在居民奉北帝神像遊行及設壇拜懺後，成功平息疫情，並成為長洲每年一度舉行太平清醮，祈求合境平安的起源。由建廟到著名的節慶，長洲北帝廟均與驅除瘟疫有密切關係，反映時人對奉祀北帝的祈願。

身在英營心在清

　　香港開埠後，灣仔北帝廟亦在新社區石水渠街一帶建成，北帝和附近洪聖古廟的洪聖均屬於水神，顯示當區其時仍然鄰近灣仔海岸線。廟門上「玉虛宮」牌匾由清帝國駐九龍城寨將軍張玉堂親書，說明當時華人群體在英國治下，仍然重視以及被允許與清帝國政府維持半正式的關係。

寺廟

九龍城上帝古廟

九龍城上帝古廟今日只存有石門遺址，位於聖德肋撒醫院旁。十三世紀宋帝趙昺南逃九龍，曾經暫住今日馬頭圍附近一帶，行宮遺址後來建成了北帝廟。有講法主張，今日石門遺址來自該北帝廟，然而據收藏家蕭險峰，以及學者岑智明、劉國偉考證，石門遺址應來自馬頭圍村的另一座北帝廟。如果上述內容看起來有點難理解的話，筆者只能說我當初閱讀有關考證時也花了很多時間，才踏入到幾位前輩的思考領域。

羈絆

北帝源於對北方七宿的星宿崇拜，但如果講到北斗七星的話，就必需提及北斗眾星之母。

P.188 斗姆元君

大士王 ♂

基於大士王的鬼王身份，描繪了圍繞他的鬼魂。

帶有火焰感覺的髮型，是配合大士王有「面燃大士」一名，面上有火焰的形象。

在民間宗教活動，大士王往往以紮作方式中出現，這裡結合了日本青森睡魔祭大型燈籠的美術風格。

太平清醮鬼潮管制

[daai6 si6 wong4]

大士王

太平清醮鬼潮管制

　　普遍認為大士王是鬼王，按佛教講法祂是由觀音化身而成，曾經刻意恐嚇佛陀弟子阿難要布施餓鬼和婆羅門仙人，否則將墮入餓鬼道，以透過阿難向佛祖問出施食超渡的儀式，以流傳後世。大士王常見於香港的醮會及盂蘭勝會，負責監督施食和遊魂，維持秩序，紙紮的大士王像會在祭祀儀式完成後被火化，以恭送大士王及遊魂野鬼離去。香港在開埠初期的 1850 年代，已經開始有舉辦盂蘭勝會的記錄，許多華商都參與其中，盂蘭勝會更一度於正對聖士提反教堂的空地上舉行。對當時的歐洲居民而言，視覺風格強烈的盂蘭勝會是他們了解異質文明和信仰的機會，報章甚至會形容為華人的展覽。

能力值

神力 ●●●●○
純元素能力太強大了

流行創作量 ●●●●●
統領鬼魂的設定有點常見

本土知名度 ●●●●○
大士王出巡是知名習俗

掌管範圍 ●●●○○
所以屍魂界和他有沒有關係

幻變 ●●●●○
畢竟有指是觀音化身之一

祭祀成功機率   **鬼魅抗性**

三山國王 ♂

三山國王的三山，有巾山（又有中山一說）、獨山、明山三座山的講法，這裡以明山居中，並分別以頭巾和獨角頭飾呈現巾山和獨山的形象。

頭飾刻有八卦中代表山的艮卦圖案。

胸前雕刻面相參考南丫島高塱村三山國王廟神像，下方的吊飾則是參考牛池灣三山國王廟神龕的裝飾。

袍上圖案脫胎自篆書的山字，並以圖騰風格演繹。

整體糅合了阿茲特克文明的美術風格，以營造原始、野性的自然信仰感覺。

牛池灣御三家

[saam1 saan1 gwok8 wong4]

三山國王

牛池灣御三家

　　三山國王本為自然信仰，普遍認為祂們來自粵地揭陽巾山（又有中山一說）、獨山、明山三座山。有傳說指祂們原來是六世紀隋帝國的將領連清化、趙助政及喬惠威，後來顯靈救助宋帝國皇帝趙光義，某些傳說中祂們甚至襄助宋帝趙昺南逃，實在是好頭好尾的典範。三山國王信仰源出潮州族群，亦有指是來自客家族群，其中牛池灣三山國王廟相信建於十九世紀，在早年以客家人為主的牛池灣，三山國王是足以凝聚當區的重要信仰。值得一提的是，據長春社研究，反清領袖陳少白曾經買下牛池灣區內一塊地皮，一度售予孫文兄長孫眉營運農場，後者更於農場內製造青天白日旗，甚至視此處為反清革命黨人的會議場地。

能力值

神力 ◆◆◆◇◇
如果可以合體說不定會更強（喂）

流行創作量 ◆◇◇◇◇
誠徵大野狼演員一名

本土知名度 ◆◆◇◇◇
畢竟連牛池灣作為地名也常被彩虹取代

掌管範圍 ◆◆◆◆◇
山 + 山 + 山

幻變 ◆◆◆◇◇
由山變成人

運勢

第二章

神與殖民地

香港在英國殖民統治下發展成國際都市，許多神明和信仰祂們的族群，在大海和陸地的另一邊橫越而來。

開埠

英國在香港開展殖民統治的同時，龐大的商機吸引了來自歐洲、印度、東南亞以至清國的不同族群。一時之間，世界各地不同文明的神明，在紅香爐匯聚一堂。

鼠疫

從雲南而來的鼠疫，為香港的醫療和衛生體系帶來了莫大的挑戰。華裔社群在既有中醫體系失效的同時，又對西方醫學心存恐懼，往往轉而向神明求助。現今大概很難想像，信仰對當時徬徨無助的港人而言，帶來了多大的安慰。

耶穌 ♂

刻意迴避了西方描繪耶穌時常見的高加索白人膚色，靠攏耶穌在歷史上更可能的真實外表。

從傳教、驅邪的事蹟延伸到東方道士的形象，背上十架亦營造道士背劍的輪廓。

胸前吊飾參考香港大學美術博物館收藏的景教銅十字。景教銅十字以景教混合基督教與佛教元素的美術風格設計而成。

袍上花紋參考道風山明陣。

手腳部份十架的傷口，以日本金繼的風格呈現，既迴避了血淋淋的視覺效果，更是希望沿用金繼將破損重生成為完整的思想。

長袍之下穿上短褲，腳穿木屐，以隨性的街坊風格，描繪祂紆尊降世與世人同行的身份。木屐亦是希望強調木匠出身的設計。

史上最著名木匠

相關訊息

① 不要劇透

② 情願去牧羊 變摩羯座

③ 上帝是 皇父阿羅訶

① 東方三博士向初生的耶穌送上黃金、乳香，以及用於屍體防腐的沒藥，普遍認為他們是藉此預示耶穌救主的身份。

② 聖經沒有記錄耶穌出生的具體日子，有指 12 月 25 日的講法，源於當日為羅馬帝國曆法的冬至及太陽神誕。

③ 景教參考了佛教概念以便傳教，其中耶穌當時則被稱為「皇子彌施訶」，老實講個人覺得聽起來滿帥的。

能力值

神力　●●●●●
設定上就是唯一的神

流行創作量　●●●●●
但《聖☆哥傳》電影實在有點那個

本土知名度　●●●●●
光是教會學校已經很多了

掌管範圍　●●●●●
設定上就是唯一的神 +1

幻變　●●●●●
變成了白人

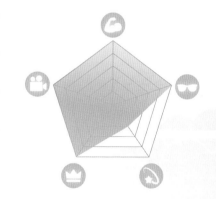

覺醒機率

[je4 sou1]

耶穌

　　耶穌是基督宗教（包括天主教及新教等宗派在內）信仰的神。傳說祂是上帝藉童貞女馬利亞降世人間的聖子，生前致力傳道，亦曾經展現多種改變物質甚至起死回生的超能力，被逼害釘死於十字架後復活昇天。

從英國來的不只鴉片

　　基督宗教傳入香港的步伐，與英國殖民香港的步伐一致。傳教士來港既是為了開埠後香港歐洲居民的信仰需要，另一原因則是為了進入清國傳教。例如普魯士牧師郭士立以翻譯身份隨鴉片商船東來，最終成為英國官方翻譯，參與了鴉片戰爭甚至香港開埠早年的行政。在東西方文化交流隔閡甚大的年代，傳教者經常成為英漢翻譯的重要角色，例如曾經參與聖經翻譯的馬儒翰，以及將大量漢學經典譯成英文的牧師理雅各。

犧牲自己貢獻香港的傳教士

　　今日我們往往從教會學校（和不合音調的詩歌）接觸到基督宗教，其實早在開埠之初，傳教士已經承擔了香港包括教育在內各種重要的公共事務。理雅各主導的英華書院和中央書院，於十九世紀為香港培育了大量具備西方先進知識的華裔人才；傳教士何顯理開啟了香港最早的女子教育；聖保祿女修會修女營運的聖童之家，則拯救和照顧了數以百計以女性為主的棄嬰，或即將被賣走的女童。

　　開埠早年，香港熱病肆虐，加上治安甚差，這些來港服務的傳教士其實經常面對死亡的威脅，不少人客死香港。這些傳教士背負巨大風險服務香港社會，是香港在開埠後可以逐步發展成重要商港的一大功臣。

中環聖約翰座堂

聖約翰座堂於 1849 年建成，位處香港開埠後的行政、商業和軍事中心地帶，更擁有全港獨家的永久業權土地，比任何樓盤廣告自稱的不凡更要不凡。座堂以哥德式風格建成，門樓上有著紀念座堂於維多利亞女皇在任期間建成的「VR」字母，兩旁則分別有香港第二及第三任總督戴維斯和文咸爵士的徽章。

西學東漸

藉由教育、救援等慈善事業，傳教士的確達到他們原來的目標：傳教。許多接受傳教士協助，或就讀教會背景學校的華人，後來都成為教徒，當中不乏晉身社會精英的例子。例如香港首名華人牧師何福堂除了堅持信仰為教會翻譯，同時生財有道成為富商，他的子女很多都接受西式教育成為專業人士，五子何啟更是一代本土華人領袖。

沒耶穌就沒孫中山

在十九世紀的香港以至東亞，基督宗教和歐洲先進思想直接關連，例如王韜於理雅各支持下，撰寫了震撼東亞的歐洲當代戰爭專著《普法戰紀》；何啟著書將西方的民主和憲制傳入清國，他創立的華人西醫書院薰陶了孫文和關景良等學生，使他們追求政制改革，乃至在不同層面實踐反清革命思想。今日大家時常提及香港是反清革命的一處重要基地，其中致力於支援反清革命的建築師林護、商人馬應彪等人，正正是知名的基督徒。

絕境中的堅持

二戰期間，基督宗教的傳教士面臨重大人身安全威脅，亦由於規模較大，特別受日據政府管制。蔡伯德、祁祖堯等神父曾經被日據政府囚禁，有指郭景芸、丁味略等神父更被中共遊擊隊擄走殺害，但和在開埠早年的艱難困境一樣，香港的基督宗教教會再一次在亂局下盡力應對局勢和援助大眾。值得一提的是，日本牧師鮫島盛隆在1943年被派到香港，負責中介總督府及教會，他盡力維護信眾權益，並在日後著書，講述日據政府管治崩潰慘況下的親身經歷，留下了重要的見證。

堅道天主教聖母無原罪主教座堂

聖母無原罪主教座堂前身的聖母無原罪堂，在香港開埠後的 1843 年已經建成，並輾轉在 1880 年代搬遷到堅道。主教座堂以仿英國哥德式設計建成，呈十字架形狀。

順 手 推 坑

香港天主教傳教史 1841-1894

夏其龍著。2014 年三聯書店

作者夏其龍神父使用大量教會內部的文獻，敘述了香港天主教教會自開埠起的發展歷程。書中不但描寫了教會各組織在香港的建樹，亦沒有避諱他們對外甚至對內的紛爭和政治角力，因此得以立體地展示出他們當年的處境。我們在從中認識教會發展之餘，亦可以從另一角度認識到十九世紀香港的歷史面貌。

真主

正如大家所認識的一樣，按伊斯蘭教觀點我們是不能描繪真主的。

神性不可描繪

相關訊息

① 阿拉

② 薩丕爾—
沃夫假說

③ 甚至
有毛筆版本

① 阿拉（或譯安拉）是阿拉伯語 Allah 的音譯，意指「唯一值得崇拜的」。伊斯蘭教中亦有 99 個尊名形容真主的不同屬性。

② 《古蘭經》是真主的啟示，雖然它有各種譯本，但理論上只有阿拉伯語文能夠誦讀和完整理解。有看過電影《天煞異降》就會明白。

③ 為了優美地書寫《古蘭經》，穆斯林發展出極具美學特色的書法，以至衍生了大量不同的書法體，以文字作為重要的藝術媒介。

能力值

神力 ◆◆◆◆◆
全能全知

流行創作量 ◆◆◆◆◆
伊斯蘭書法一直在發展

本土知名度 ◆◆◆◆◆
大家對祂的認識往往有機會不夠全面

掌管範圍 ◆◆◆◆◆
主宰一切

幻變 ◆◆◆◆◆
有大量不同的屬性

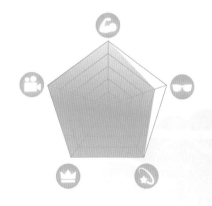

覺醒機率

[aa3 laai1]

阿拉

真主是伊斯蘭教的神,這個漢文名字有「真正的主宰」之意,常見的「阿拉」則為伊斯蘭教教徒穆斯林對造物主的稱呼。按伊斯蘭教觀點,真主是超然於空間、時間,無始無終的唯一造物主,宇宙間的一切都是按祂定的規則運行,伊斯蘭教本身則不局限在宗教範疇,而是一套完整的生活方式。

接近二百年歷史的香港穆斯林

穆斯林來到香港最早的記錄大約是在十九世紀初,他們多為隨英國到清國貿易的印度人。開埠後定居香港的穆斯林主要為印度裔士兵及商人,其中依巴拉謙創立的鴨都喇利公司業務遍及全球,是滙豐銀行現存最早的客戶。1849 年,香港穆斯林於中環興建清真寺作禮拜之用,經歷擴建和重建後成為今日位於些利街的回教清真禮拜總堂。

遍佈全港的社群

十九世紀中,雲南穆斯林杜文秀起事反清,戰事驅使大量雲南穆斯林逃難到粵地,據講部份則轉移至香港,是最早來港定居的華裔穆斯林。廣東穆斯林直到十九世紀末才有規模地移居香港,後來聚居灣仔一帶,在 1917 年成立了自己的社團組織中華回教博愛社。早年由於港粵穆斯林關係密切,加上南亞裔穆斯林社經地位普遍較高,廣東穆斯林與其交往有限。戰後不少中國北方的穆斯林移居香港,他們於九龍建立起另一個華人穆斯林社群,使得九龍清真寺成為南亞裔和華人穆斯林共用,以地區為單位的宗教中心。

尖沙咀九龍清真寺暨伊斯蘭中心

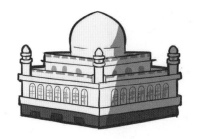

九龍清真寺於 1896 年落成，最初由以印度裔穆斯林士兵組成，後來於新界六日戰中表現出色的香港軍團興建。1976 年，由於地鐵尖沙咀站的興建工程破壞了九龍清真寺結構，該寺於 1984 完成重建。

順 手 推 坑

獅子山上的新月：香港華人穆斯林社群的源流與傳承

霍揚揚著。2020 年秀威資訊

提及穆斯林，不少香港人或者有機會如筆者以往一樣，直覺會先想到南亞或阿拉伯裔的穆斯林。然而，香港實際上有數以萬計的華裔穆斯林，他們的族群在香港亦有悠久的歷史。作者研究了香港華人穆斯林社群，書寫了他們的社群發展，以至面對的挑戰。

阿胡拉・馬茲達 ♂

基本上繼承了人身有翼的既有形象，銀翼則源自香港瑣羅亞斯德教善樂施大廈外牆上的銀色標誌。

紅色頭髮和身上的火焰圖案，均對應火的神聖。

鬍鬚造型發想自麼地爵士的鬍鬚，亦配合傳統中阿胡拉・馬茲達年齡稍長的形象。

手上的星形圖案意念來自九龍渡輪。九龍渡輪是天星小輪前身，奠定星形標誌的慣例。

黃袖白衣的配色來自皇后樂隊 The Queen 主音費迪墨格利 Freddie Mercury 的經典形象，費迪本人正是出生自巴斯家族。好吧其實他跟香港沒有太大關係，純粹是作者我本人很喜歡皇后樂隊。

100% 正面之神

 相關訊息

1 萬年戰爭

2 查拉圖斯特拉如是說

3 不是明教

① 傳說阿胡拉・馬茲達和邪神的戰爭，每三千年形勢就會逆轉一次，但按不同講法，最終將會在第三或第四個三千年戰勝。

② 將祂奉為最高神的瑣羅亞斯德教由瑣羅亞斯德本人所創，《查拉圖斯特拉如是說》的查拉圖斯特拉正是瑣羅亞斯德的伊朗名字。

③ 苦戰教主張無忌領導的明教是摩尼教分支，摩尼教是糅合包括瑣羅亞斯德教在內的多個宗教而形成。

能力值

神力　●●●●●
單是正邪之戰也打了 12000 年

流行創作量　●●○○○
Mazda 的汽車算嗎

本土知名度　●○○○○
至少以往介紹祂時的個人經驗是這樣

掌管範圍　●●●●●
包括一切美好的事物

幻變　●●●○○
始終是那麼遠古的神

 覺醒機率

阿胡拉・馬茲達

　　阿胡拉・馬茲達一名意指「智慧之主」，祂被視為造物神，受今日伊朗地區在公元前十三世紀的瑣羅亞斯德教信奉。按該教主張，阿胡拉・馬茲達代表至善及真理，並將會於預言中的終極之戰戰勝邪神。公元八世紀時，波斯瑣羅亞斯德教徒因為伊斯蘭教入侵移民印度，他們的族群後來被稱為巴斯人。有關阿胡拉・馬茲達的神話影響了後世包括泛基督教在內的思想，不過基於瑣羅亞斯德教將火視為神聖以及阿胡拉・馬茲達神的象徵，漢字文化圈往往誤解他們為拜火教。

巴斯人的商業王國

　　巴斯人有從商傳統，早於香港開埠之前已經涉獵在清國的鴉片貿易，他們經營的商行更現場見證了 1841 年香港開埠時的升旗儀式，同年香港首次拍賣地皮，亦有部份由巴斯商人購入。香港後來諸多的發展，都有著巴斯人參與的身影，例如米泰華拉創立了九龍渡海小輪公司，而十九世紀中葉崛起的麼地，不但投資了九龍倉、香港電燈等基礎建設，促使了香港成為現代城市的進程，晚年更捐出巨款資助香港大學創校。而作為巴斯人與華人混血兒的羅旭龢，則以華人代表的形象從政，出任立法局議員，多番在香港政府面臨管治問題時獻策，一度深受香港政府信任。香港巴斯族群至今仍在香港生活，並以設於銅鑼灣善樂施大廈內的瑣羅亞斯德教廟為宗教中心。

建築

銅鑼灣善樂施大廈

善樂施大廈建於 1931 年，並在 1933 年重建成現今的大廈，外牆有著瑣羅亞斯德教知名的標誌 —— 人身帶翼的法拉瓦哈 Faravahar。大廈內部則建有瑣羅亞斯德教神廟，聖火一直在廟內燃燒。

魯班 ♂

整體選擇蒸氣龐克風格，以描述假想中祂工藝超越當代的科技水準。蒸氣龐克風格的金屬元素置換為木製機械，以強調魯班木工技術及對應三行之一的木工業。

木翼發想自祂發明的飛行工具木鵲，但考慮到相關記載過少和表現考量，這裡實際是參考了達文西的飛行器。考慮到魯班據載生於公元前六世紀，這對祂來講是領先近二千年的科技。

香港早年以木工、打石、搭棚為三行，這裡除了木製機械外，亦設計了鑽石機械臂和腿部的竹管火箭，對應打石和搭棚業。

身上木製裝飾參考西環魯班先師廟山牆的造型。

我是說在座的文科仔都是（刪）

[lou5 baan1]

魯班

　　魯班原名公孫般，又名公孫班，是公元前六世紀魯國的知名工匠，因而被稱為魯班。魯班工藝高超，相傳墨斗、雲梯、曲尺等工具皆由魯班發明，因此祂在華夏文明中被視為偉大的發明家，為建屋、造橋、造船等以往俗稱三行的建造業界奉為祖師祭祀。隨著建築物料和技術的演變，香港早年曾以打石、木工、搭棚為三行，後來亦包括泥水和油漆行業在其中，而且均視魯班為行業神。其中打石業在香港開埠前已經是發達的產業，花崗石材除了出口至東亞大陸，甚至遠赴美國、澳洲以及今日名為泰國的暹羅，在沙田興建曾大屋的曾三利，正是在筲箕灣營辦石塘致富。

能力值

神力　　　● ● ● ● ●
木鵲可以飛上三日其實算是神力吧

流行創作量　● ● ● ● ●
華夏罕見的技術代表

本土知名度　● ● ● ● ●
介乎知名和不知名之間

掌管範圍　● ● ● ● ●
建造業是社會發展的基石

幻變　　　● ● ● ● ●
科技的演變比較快

建築技能

濕婆♂

由於印度教徒甚為重視濕婆形象，這裡大致遵從了傳統的濕婆造型，例如新月型髮飾和額上天眼等。

三叉戟及腳上飾物，取材自跑馬地印度廟神像設計。

髮型結合了河流的視覺形象，對應祂把頭髮分流出印度聖河的神話。

不少濕婆神像會披著祂獵來的虎皮，這裡以橙色基調發展成較有軍事印象的迷彩圖案。

舞姿除了參照濕婆舞者化身納塔羅闍 Nataraja 的姿態，並糅合了 MIRROR 歌曲〈Warrior〉MV 的舞步，對應祂的戰士身份。

律動間毀滅宇宙

相關訊息

① 練到清心寡愛
無懼色誘

② 受限於畫風
無法表現

③ 我想不需要
解釋甚麼是
林伽

① 很多擁有第三隻眼的人物或角色也能夠射出射線（甚至包括薛家燕），但濕婆第三隻眼射出的火焰直接把愛神伽摩燒成灰燼。

② 濕婆曾為了阻止巨蛇婆蘇吉的毒液毒害眾生，親自吞下所有毒液到喉嚨，結果脖子遭灼傷成藍色。

③ 濕婆的林伽非常雄偉，毗濕奴和梵天各自往相反方向飛了一千年，都找不到它的盡頭，實在令人自嘆不如。

能力值

神力　　　●●●●●
那可是滅世的能力，寫 5 只是因為上限就是 5

流行創作量　　●●●●○
《終末的女武神》還引起了爭議

本土知名度　　●●●○○
其實在印裔港人的店舖很常見到

掌管範圍　　●●●●○
部份教派中是至高神明

幻變　　　●●●○○
在佛教成為大自在天

 運勢　　　疾病狀態解除

[sap7 po4]

濕婆

　　濕婆是印度教三大主神之一，與梵天、毗濕奴並列，奉祂為至高神明的教派濕婆派，則被列入印度教四大教派之中。關於濕婆有著瑜伽士之神、百獸之主、暴風之神等極多的描述，最著名的是傳說祂主宰毀滅，祂作為宇宙舞王，可以舞蹈毀滅宇宙。然而值得注意的是，濕婆的毀滅是伴隨著再生，因此亦有祂是創世神的講法。

開埠從來不只是白人和華人

　　在香港，相較同樣主要來自南亞的瑣羅亞斯德教、伊斯蘭教、錫克教，印度教發展相對略遲。1920 年代開始，信德人和古吉拉特人先後有規模地來港發展，是以香港政府於 1928 年撥出跑馬地部份土地予印度教徒作為墳場之用，只是印度教徒基本上只會選擇火葬而非土葬。直到戰後印度教徒成立協會，他們才在政府修訂土地用途後於跑馬地建成了印度廟，供奉濕婆等神明。

但留意信德中心不是信德人的

　　香港印度教社群以信德人為主，早年以裁縫業和絲綢貿易為人所知，戰後由於印巴分治的動盪，更多信德人移居本來就有其社群的香港。其中知名的信德家族夏利里家族早於 1920 年代來港，二戰時以為英軍縫製衣物起家，最後業務發展成投資酒店、地產的跨國集團。

寺廟

粉嶺皇后山軍營印度廟

皇后山印度廟於 1960 年代建成，為尼泊爾
啹喀兵所建造，在香港主權移交前夕開始空
置。啹喀兵於戰後取代印籍士兵駐防香港，
冷戰期間香港由於接壤共產中國成為前線，
啹喀兵在防務上有重要貢獻。皇后山印度廟
外形有如六角王冠，有講法認為象徵了在印
度教重要的宗教符號蓮花，內部則塗成鮮艷
的橙色及藍色，建築風格獨特。普遍講法都
會提及廟內供奉了濕婆神，然而據香港本地
印度教同修會指出，廟中供奉的應為濕婆妻
子難近母。

羈絆

印度教三大主神為濕婆、梵天和毗濕奴，
其中梵天在香港以四面佛之名廣為人知。

P.168 梵天（四面佛）

韋駄 ♂

髮型參考約公元八到九世紀印度室建陀石像。室建陀是韋駄的原形，分為三股的髮型象徵了他的少年身份，別於髮上孔雀羽毛，則對應神話中室建陀座騎是孔雀。

金剛杵的造型參考大埔慈山寺神像。一般而言韋駄手執金剛杵的方式，是暗示該寺對外來僧人掛單暫住的安排，但這裡考慮到並非特定寺廟的神像，以及畫面表現的需要，金剛杵的拿法沒有有關含意。

從韋駄速度飛快的形象延伸，以賽車手服裝為設計理念。相傳佛陀涅槃後，佛牙一度被快速的邪魔盜去，韋駄卻能夠追上奪回佛牙。

衣服整體的配色參考鑽石山志蓮淨苑神像。

見到鞋踭算你贏

[wai5 to4]
韋馱

韋馱的原形來自印度教濕婆神與雪山女神之子戰神室建陀，傳說中祂是梵天預言唯一能夠打敗阿修羅王的人，最終祂實現預言，帶領天界軍隊擊敗阿修羅王。祂在五世紀時為漢傳佛教吸收，按佛教講法是四大天王座下三十二名天將之首、南方增長天王的八大將軍之一，專司守護佛法和道場，因此韋馱殿在香港的各寺廟亦頗為常見。

能力值

神力　　◆◆◆◆◆
戰鬥力太強大了

流行創作量　　◆◆◆◆◇
連大河劇都會使用祂的名號

本土知名度　　◆◆◆◇◇
但不是每個香港人也會看大河劇

掌管範圍　　◆◆◆◆◇
橫跨天界軍隊和佛法

幻變　　◆◆◆◇◇
本來已經是戰神了還變得快速

僧侶防禦力　　速度提升（?）

城隍 ♂

出於城隍相傳源自城牆建築的發想，整體選取了具有建築感的裝飾藝術風格。

斜戴的帽造型採用了城樓外形。

衣服花紋參考了筲箕灣城隍廟建築風格以及浮雕圖案。

灰綠和深紅配色亦是參考筲箕灣城隍廟配色。這裡調整了顏色彩度，同時點綴大量金色，以對應該廟由福德廟改建而來，相對新近、精緻的形象。

陰間公務員

[sing4 wong4]
城隍

　　城隍分指護城牆和沒有水的護城壕溝，有關信仰源於古人對城本身的崇拜，和許多神明一樣，祂後來被人格化，進而被民間加入官僚體系色彩，許多古人都被描述成在死後出任城隍。城隍後來被認為是掌管地獄的死神，會審判和懲罰亡者，整體設定和閻王極為相似。香港開埠後，華人於 1843 年建成了上環城隍廟，該廟有指是維多利亞城最早建成的廟宇，可惜於 1876 年因為香港政府購回土地而被拆卸，原址所在的街道則被命名為寫法有異的城皇街。現時香港以筲箕灣城隍廟及油麻地城隍廟較為人知，其中前者本為奉祀土地公的福德祠，於 1877 年建成，1928 年華人廟宇委員會接管該廟後，考慮到香港島沒有主祀城隍的廟宇，將之擴建為城隍廟。

能力值

神力 ◆◆◆◆◆
神多好辦事

流行創作量 ◆◆◆◆
出場機率會被閻羅王攤分

本土知名度 ◆◆◆
城皇街反而比較不知名

掌管範圍 ◆◆◆◆◆
一整個完整的陰間司法系統

幻變 ◆◆◆◆
由城牆變成人格神變成職位

閻王♂

沒錯就是在家工作。考慮到現代網絡發達，整體希望強調閻王居家工作的隨性感覺。

狼牙棒造型參考十九世紀清帝國的閻王立像，椅腳纏繞的繩則來自閻王原形閻摩的形象。

唐卡藝術中閻王的髮型往往有怒髮衝冠之勢，這裡設想祂在家中不會用髮蠟，因此髮型就顯得扁塌。

手提電腦則是設想中生死簿的現代版本，機身上的貼紙取材自十九世紀清帝國的閻摩唐卡。

木椅造型參考油麻地城隍廟中十殿閻王神像所坐的椅子。

冥通銀行行長

[jim4 wong4]
閻王

　　閻王又有閻羅王之稱，多數認同祂起源自印度教的死神閻摩，早在公元前十六世紀至十一世紀時的《梨俱吠陀》已有相關記載。閻摩是統治亡者的神，罰惡的性質並不明顯，隨佛教傳入東亞後演變成在兼具佛教和道教色彩的閻王。閻王信仰在華夏文明對神明的官僚體系想像中，演變成有十位閻羅王，祂（祂們）掌管地獄之餘，亦被側重審判和懲罰亡者罪孽的面向，相應亦出現地獄分成十殿的傳說。民間將大量古人都描寫成死後化身閻王，雖然在構成上有各種版本，但十殿閻王本身的概念盛行於整個東亞。香港十殿閻王最為人知的事物，是虎豹別墅拆卸前的相關浮雕，側寫了閻王在香港社會的文化色彩比信仰色彩略見濃厚。

能力值

神力　　　●●●●◐◑
畢竟地獄不見得是三權分立的

流行創作量　　●●●●●
這裡非常推薦《與神同行》的漫畫版

本土知名度　　●●●●◑
大概是最知名的地獄之神

掌管範圍　　●●●●◑
但丁去那邊可能就不在轄區

幻變　　　●●●◑◑
連閻摩本來養的兩隻狗都不見了

善惡值判定

文昌帝 ♂

整體造型走溫文路線，相較傳統代表追求體系功名的官服形象，這裡刻劃得較隨性和具日常感。

整體配色呈黃綠色調，發想自大埔泰亨鄉文帝古廟神像的金色，這裡為了素雅的風格，將其改成淡黃。

眼鏡既是斯文角色必備配件，造型上亦刻意內斂，以對照關帝的太陽眼鏡。

圍巾來自上環文武廟神像袍上刺繡，同樣是和關帝對照。

褲鞋的綠棕配色對應文昌帝前身為梓潼神，有樹神的面向。

筆比刀利

相關訊息

① Aimed for the 功名

② 知者不能言 言者不能知

③ 財富 就是知識

① 文昌帝其中一個來源古梓潼神，有著樹神、蛇神甚至雷神的形象，所以如果祂的毛筆投擲出去會自己回來也不奇怪。

② 文昌帝有天聾、地啞兩名侍童，有指是避免試題洩露，但考慮到文昌帝同時掌管仕途，這或許亦是祂想傳達的官場哲學。

③ 今日許多善信均會購買文昌筆或文昌塔，以求考試順利，但屏山鄧氏早在十四世紀已經興建了一整座聚星樓供奉文昌帝和一眾神祇，據講鄧氏自此人才輩出。

能力值

神力 ●●●○○
加入官場後幾乎不太有雷神的面向了

流行創作量 ●●○○○
相信文昌帝會保祐創作者寫好祂的故事

本土知名度 ●●●●○
有利考試的方法都會有名

掌管範圍 ●●●●●
考試和功名短期內應該很難被 AI 取代

幻變 ●●●●●
由樹神變成斬書元兇的讀書人

學習經驗值　　文人經驗值

[man4 tsoeng1]
文昌

文昌帝君起源莫衷一是,有指祂本為梓潼神張亞子,亦有指祂是四世紀時在蜀地起兵反抗符堅的蜀王張育,普遍認為文昌信仰是以上兩者結合文昌星信仰而成。文昌／梓潼神約在十世紀時增加了掌管考試和官運的職能,並由元帝國於十四世紀正式封為文昌帝君,其後日益受華夏儒生所尊崇,相對之下作為地方神明的面向則是彼長此消。

考試之神焉能不拜

文昌信仰同時受民間和官方重視,它的興盛折射出華夏文明整體對考取功名的重視,是以亦不難想像在同樣重視考試的現代華人社會,文昌始終廣為善信參拜。在開埠後一段不短的時間內,香港政府資助的學塾不奉祀文昌帝君,甚至要求學生誦讀基督教經文,是華人家庭寧可自費送子女到私塾的一大理由。

文武二帝帶來的身份象徵

香港文昌信仰以並祀文昌帝及關帝的上環文武廟相對著名。該廟由富商盧亞貴、譚亞財二人於開埠數年後籌建,前是被認為有黑幫背景的蜑家人,後者則是將會在 1860 年組織外國傭兵回鄉參與土客戰爭的新加坡華僑,二人均藉由在鴉片戰爭中支持英國人而致富,是以文武廟的建成,說明了香港早期華人精英的得勢,以及他們的面貌:他們固然可能因為出身而重視關帝,不過同時間亦需要尊崇代表文人的文昌帝,以顯示他們不是毫無文化素養的暴發戶。

寺廟

上環文武廟

上環文武廟建於 1847 年，主祀文昌帝君及關帝。該廟是香港開埠早年華人群體仲裁議事的社區會堂，由蜑家人盧亞貴和新加坡華人譚亞財主力出資籌建，由此可見開埠早年香港島的華人領袖，出身的階級相對不高。文武廟作為議事中心的功能後來為東華醫院繼承，今日廟內高懸的「神威普佑」牌匾，正正是 1879 年清國皇帝表揚東華募款救濟清國災民的善舉而賜。

羈絆

文昌帝主宰考試功名，但對已經有一定功名的人來說，他們往往亦非常重視至聖先師。

P.132 孔聖

關帝♂

嘗試用另一種方式演繹紅臉，因此選取了紅色、大鏡片的太陽眼鏡，亦對照文昌帝的造型。太陽眼鏡參考歌手 Serrini 在歌曲〈網絡安全隱患〉MV 中的造型，這裡自然亦有聯想到「關刀凜」的趣味。

右臂袖上的「十年生聚」出自左傳，對應關帝好讀左傳的記載。

刺繡外套上的刺繡，來自上環文武廟神像，亦對照文昌帝造型。

青龍偃月刀又名冷艷鋸，這裡由此延伸成電鋸，紋式參考深水埗關帝廟牌坊設計。事實上關帝使用偃月刀的講法，本身亦是後世創作。

君主專業推介第一位

相關訊息

① 忠義神武靈佑
（下刪 20 字）

② 勉為伽藍

③ 沒有使用
葛萊分多寶劍

① 關帝最長的封號為「忠義神武靈佑仁勇威顯護國保民精誠綏靖翊贊宣德關聖大帝」，多達 26 字，堪稱湊字數神器。

② 關帝在漢傳佛教中被為護法神伽（粵音：騎）藍菩薩，相傳祂曾經顯靈協助僧人建寺，顯示了漢傳佛教的本土化。

③ 相傳道教天師曾經召喚關帝斬殺鹽池蛇妖，這個神話後來更在小說、戲曲等流行創作中蛻變成關公大戰蚩尤。

能力值

神力　　◆◆◆◆◇
部份鸞堂信仰甚至奉祂為玉皇大帝

流行創作量　　◆◆◆◆◆
請不要搜尋《一騎當千》

本土知名度　　◆◆◆◆◆
一日還有三國遊戲都會是 5

掌管範圍　　◆◆◆◆◇
三界伏魔大帝的三界

幻變　　◆◆◆◇◇
流變完全超出人類武將範疇

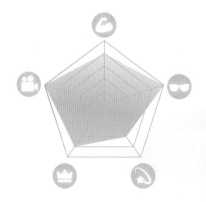

 職業運勢　　 財運

[gwaan1 dai3]

關帝

　　關帝本名關羽，生時是三世紀四川軍閥劉備麾下最重要的將領，祂與劉備另一名將張飛的用兵能力，深受當代其他名將的肯定，關羽更是當代少數確實留下單挑紀錄的武將，充分說明祂個人武力之高。

UR 七星三轉究極關羽【武神形態】

　　關羽死後得到民間奉祀，但直到八世紀末的唐帝國，祂才開始得到國家規模的祭祀；最早要在十一世紀末，祂「武神」的地位才得以確立。關羽作為神明，漸漸也分別為佛教和道教系統吸納，祂的道教神話與民間藝術例如雜劇等互相影響，結果在文學、戲曲、說書等各種民間流行創作之中，關羽的藝術形象開始完整和豐滿。在關羽建立了龐大的民間信仰基礎，又日益為佛、道兩教肯定的同時，由於關羽忠義的形象符合當權者的政治需要，祂的神格不斷被帝國官方提高，封號由明帝國自十六世紀末開始從王昇格成帝。

忠君愛國宣傳代言人

　　有講法主張，十七世紀時岳飛信仰盛行，清帝國為了壓抑這種對抗金名將的信仰，刻意進一步拉拔關帝的神格。無論如何，客觀而言關帝最後於十八世紀被清帝國提高至和孔子作為文武代表並列的地位。漢學家杜贊奇教授指出，關帝信仰展現出歷代中原帝國在民間信仰上刻寫新敘事的時候，並不會完全消滅來自其他權威或者來源的既有敘事，而是藉由保留它們的多樣性，控制這些文化符號。

寺廟

大埔文武二帝廟

大埔文武二帝廟於1892年建成。十九世紀末，泰亨文氏為了對抗鄧氏，主導了大埔七約建立當時稱為太和市的新墟市，同時興建了文武二帝廟作為當地宗教和議事場所，其後順利取代鄧氏在大埔的勢力。1899年，文氏率領的大埔七約在文武二帝廟商議後，無視整個新界鄉村同盟的原定作戰計劃，率先武裝抵抗前來接管新界的香港政府。衝突最終演變成新界六日戰，新界鄉民同盟戰死者超過 500 人，但由於文氏在戰事中率先投降，最終大埔鄉民只有 25 人陣亡。

羈絆

傳說中關帝有兩名結義兄弟，祂們在香港亦是受奉祀的神明。

P.176 張飛、劉備

宗教場所即為社區中心

和許多香港廟宇一樣，關帝廟往往是當時議事和仲裁商業糾紛的地方，例如一般估計在十七世紀末建成的元朗玄關二帝廟、最遲於十九世紀中建成的沙頭角協天宮，以及 1847 年建成的上環文武廟。其中沙頭角協天宮曾於 1891 年募捐重建，捐款者絕大多數身處海外，反映了香港包括新界鄉村當時有大量人口出洋工作的經濟現象。

溫酒斬雞頭

英國殖民地時代，香港政府一直盡量尊重華人傳統宗教和風俗，例如由於開埠早年華人絕少信仰基督教，政府承認華民於上環文武廟斬雞頭宣誓的法律效力，該廟在十九世紀中期更承擔了裁決華人群體事務的自治功能。然而隨著東華醫院取代文武廟成為華人群體代表機構，香港政府在 1908 年實施了《文武廟條例》，確立政府擁有文武廟的資產，並將管理權交予政府能夠信任和控制的東華手上，亦成為後來制定《華人廟宇條例》的基礎。

流行文化是最普及的教育

另外，香港早年的學塾時有建於關帝廟或有主奉關帝的廟宇附近，上環文武廟亦會將收入用於興辦義學。儘管這些教育的普及率或者有限，部份廟宇（例：汀角村協天宮）只准許當初重修的出資者後代入讀相關學塾，不過若果考慮到在華夏帝國治下的鄉村，說書和戲劇往往是鄉民學習傳統智慧的文化基礎，我們大概很容易想像到關羽對他們的影響有多深遠。

寺廟

深水埗關帝廟

深水埗關帝廟最早的碑銘立於 1891 年，本來座落於海邊，現時由於附近地區填海，已經位處內陸。廟外門牆壁畫由香港著名漫畫家李志清所繪畫，有別於傳統廟宇的風格。

順 手 推 坑

南方的社會，學

趙恩潔編。2020 年左岸文化

此書從「全球南方」的觀念切入，以多元的角度討論一些被主流視為他者／她者的群體。其中宗教社會學學者丁仁傑教授執筆的篇章，從關帝作為「正統信仰」的多樣，探討正統外的民間信仰如何投射出民眾的需要。

和合二仙♂

髮型設計參考了海事博物館收藏的神像。

服裝配色參考上環列聖宮神像。

一般造像及畫像中，和合二仙多為手執荷花及盒子，這裡為了統一風格，選擇了同為諧音的荷花和百合花。

整體的嬉皮士風格，發想自寒山、拾得遠離塵世隱居的傳說。

男男愛情組合（無誤）

[wo4 hap9 ji6 sin1]
和合二仙

有指和合二仙起源自一名七世紀的唐帝國僧人萬回。但按多數傳說中的主流講法，和合二仙分別是兩名與萬回年代相同的僧人，分別名為寒山、拾得，這對摯友後來合力建成了寒山寺。可以肯定的是，民眾相信和合二仙能保祐感情、婚姻甚至人緣、家庭，經常以祂們為工藝品的創作主題，和合二仙在民間的形象亦逐漸演變成兩名小孩。即使祂們在香港廟宇當中往往並非主神，但時至今日依舊是各種民間信仰均會提及的神明。

能力值

神力 ● ● ● ● ●
和平就是力量

流行創作量 ● ● ● ● ●
部份講法其實主張寒山拾得是 LGBT 故事

本土知名度 ● ● ● ● ●
個人經驗在小時候就有聽過

掌管範圍 ● ● ● ● ●
馬斯洛需求層次第三層

幻變 ● ● ● ● ●
返老還童這類還在人類範圍

戀愛機率

包公♂

保留了包公黑臉形象，但額上的彎月則描繪成頭上有月亮，亦是取明鏡高懸之意。

手執的長刀延伸自正義女神持劍形象，花紋則是參考傳統形象中，包公常用的刑具虎頭鍘。

部份設計糅合了正義女神的形象，以反映現代香港人對法律的認識，例如象徵一視同仁的閉眼面容。另外，具有鏡片的面具，則有鐵面無私之意。

衣服圖案取材自灣仔包公殿飾帶花紋。

代替月亮懲罰你

[baau1 gung1]

包公

　　包公本名包拯，是十一世紀的宋帝國官員，在《宋史》記載中，他被描述為一名考順父母查案機智不畏權貴為民請命政績斐然清廉無私下刪一千字的完美官員，因此他死後理所當然地被奉為神明，並在各種流行創作中有著極高人氣。後世對他為官事蹟的創作，往往集中他斷案高明、明辨是非，而且鐵面無私，敢於挑戰權貴的面向，反映華夏社會民間在官僚壓逼下，希望有人代其伸張正義的集體意志，亦衍生出其令人生畏的黑臉形象。大概是源於《宋史》中記述包公有「閻羅包老」之美名，部份傳說指包公死後成為十殿閻羅之一，其中甚至有祂在地府因為太常查出冤案做壞規矩，而被從第一殿調職到第五殿的講法。與其說這些敘事過份誇張，倒不如說它們體現出華夏社會官僚體制的腐敗程度。

能力值

神力　　　●●●●○
十殿閻羅之一

流行創作量　　　●●●●○
原來二十年前黃秋生有演過包公

本土知名度　　　●●●●●
人設太鮮明了

掌管範圍　　　●●●●○
始終不是整個地府

幻變　　　●●○○○
人設始終如一

善惡值判定

華佗 ♂

整體的藍色調參考藍屋配色。

設計上融合了五禽戲的動物元素。五禽戲相傳是由華佗所創的健身操，模仿了虎、鹿、熊、猿、鶴的動作。

手執藥秤以強調華佗的醫生身份，下擺衣袋的內部雖然沒有描畫，但預想中是收納了中醫的針灸針。

造型選用了瘟疫醫生風格，以對應華陀醫院相對早期的醫療方式。

三國最強補師

[waa4 to4]

華佗

華佗是公元二至三世紀漢帝國的名醫，由於三國故事在東亞甚為流行，連帶他作為當代人物亦更為後世認識。十九世紀中葉，香港政府一度由於太平山區地皮貴重，拒絕在當區興建華人中醫醫院，1862 年商人彭華開始發展灣仔石水渠街後，有關計劃就選址該區，並在 1867 年開設了華陀醫院（它是寫成華陀沒錯）。華陀醫院是香港首間華人民營醫院，院中奉祀華佗，在豬肉行和燒爐行等商舖資助下運作，院中醫師則是擲筊篩選，因此不難理解何以它在東華醫院啟業後需求下降，更被東華拒絕合併提議。華陀醫院在 1886 年關閉，改建成華陀廟，繼續供奉原有的華佗像，1920 年代華陀廟重建成唐樓，歷經不同用途，最後成為今日灣仔的藍屋。

能力值

神力　● ● ● ● ●
醫術絕對是 5

流行創作量　● ● ● ● ●
不如問到底三國熱甚麼時候才會退潮

本土知名度　● ● ● ● ●
和李時珍應該並列兩大有名中醫

掌管範圍　● ● ● ● ●
漢方醫藥近年發展迅速

幻變　● ● ● ● ●
甚至不像《戰地風雲 1》的醫療兵能用急救針筒攻擊

疾病狀態解除　　醫療技能

卍

地藏菩薩

整體的亡靈節風格裝扮，既對應地藏地府主宰的身份，更希望引用亡靈節接受而非恐懼死亡的含意。

臉上妝容花紋參考自大埔慈山寺地藏殿天花的雕刻，錫杖式樣亦取材自該寺中所收藏，約十二至十四世紀日本鎌倉時期的木像。

斜穿的紅裙參考豐子愷所繪畫的地藏像。

衣服花紋參考敦煌被帽地藏菩薩十王圖畫像。

地府主宰一動也不動

相關訊息

① 地藏不是擔心
彼得原理

② 而且地藏
不會入伍

③ 陀螺也
安忍不動

① 地藏其實早已能夠成佛，但為了教化六道，超渡地獄眾生而留下。老實講有時候升職還真的不一定是好事。

② 部份傳說指地藏其中一個化身為新羅王子金喬覺。新羅位於今日的韓國，所以技術上如果你把地藏想像成 oppa 也是可以的（？）

③ 《地藏菩薩本願經》中記載，供養地藏的人有十種利益，其中包括杜絕惡夢。《黑社會以和為貴》中鄭浩南的角色應該很需要。

能力值

神力　●●●●●
地獄一空立即成佛

流行創作量　●●●●●
現代有很多可愛的佛教藝術品

本土知名度　●●●●●
大概僅次佛陀和觀音

掌管範圍　●●●●●
有講法指地藏統領十殿閻羅

幻變　●●●●●
部份講法中甚至包括目連

　善惡值判定　　鬼魅抗性

[dei6 dzong6 pou4 saat8]

地藏菩薩

地藏菩薩之名取自「安忍不動如大地，靜慮深密如秘藏」，在佛陀涅槃後代理教主直到彌勒佛降世，發誓地獄不空、自己尚未度化六道眾生之前，都不願成佛。民間視祂為地府的主宰，因此常在喪事、法會、墓地、亂葬崗等和幽冥相關的場合與地方供奉地藏。

無主孤魂

開埠早年，港島多為離鄉謀生的單身男性，他們無論患病或死亡都難獲照料，甚至連客死異鄉後都無人安葬。1851年，包括譚亞財在內的一眾華商於上環籌建廣福義祠，祠內主奉地藏。義祠主要用於安放無人認領的死者靈位，是以又被稱為「百姓廟」，亦會施食予難民和貧苦大眾，結果日漸聚集了大量病重以至垂死的病人。

人間地獄

1869年，廣福義祠極度惡劣的衛生環境為一名香港政府官員發現。垂死者與屍體並陳、地上滿佈排泄物的慘況甚至被英文報紙描述為人間地獄，逼使向來避免干涉華人群體事務的政府著手處理。政府除了收回義祠管理權，更重要的是接納華商建議，撥地及資助籌建東華醫院，其後東華在贈醫施藥和各種慈善事業外，成為了與政府關係密切的華人群體代表機構。義祠管理權自此轉交予東華醫院，在1872年醫院正式落成啟用前，義祠暫時作為醫院前身營運醫療服務。

寺廟

觀塘地藏王古廟

觀塘地藏王古廟建成於 1976 年。1950 年代，海陸豐人從家鄉請來地藏，在秀茂坪附近山坡的山洞中奉祀。1972 年，香港遭遇六一八水災，暴雨引發山泥傾瀉，秀茂坪的木屋安置區傷亡慘重，但供奉地藏的山洞卻倖免於難，使當區居民認為是地藏顯靈。香港政府後於災區興建秀茂坪紀念公園，並撥地予居民建成地藏王廟。

啤酒帽和炸雞對應濟公酒肉和尚的形象，改為炸雞是考慮到食狗肉實在太違反香港現代風俗，但褲上亦默默繡上了「叁陸」二字。

頭飾參考上環廣福義祠神像，兩邊文字為梵文六字大明咒「唵嘛呢叭咪吽」（對就是方皓玟唱的那句），這裡一併參考了十八世紀的寫法。

手中小型電風扇蛻變自濟公傳統形象中的葵扇。

T恤上粉紅色葫蘆圖案參考黃永玉的濟公畫像。

濟公♂

破戒之神

[dzai3 gung1]
濟公

　　濟公是十二、三世紀時宋帝國的禪宗名僧，俗名李修元。民間相傳祂有著抱打不平、教化世人的英雄形象，而且不守清規，會飲酒、食狗肉，功德更不會因此減少。大概由於承載著民間的慾望，祂在儒家禮教以及佛道兩派戒條下，開啟了另一種修道的方向，藉由入世拉近民間和佛理的距離。濟公深受民間和流行創作歡迎，衍生出更多藝術創作，其後更被流傳成羅漢之一。十九世紀中葉，一名僧人於灣仔租屋闢為佛堂供奉濟公，不過直到 1894 年香港爆發鼠疫，灣仔區疫情較輕，濟公才被認為有驅疫之能而香火興盛，五年後紅磡居民更特地從該堂迎請濟公到當地驅疫，再一次展現鼠疫對香港本地信仰影響之深。1991 年灣仔濟公廟遭拆卸，濟公像遷入廣福義祠至今。

能力值

神力　　　●●●●○
食狗肉還可以維持功德，堪稱顛覆既有概念

流行創作量　　　●●●●○
一直也是人氣角色

本土知名度　　　●●●●●
單是周星馳電影已經非常知名

掌管範圍　　　●●●○○
始終是雲遊四海的僧人

幻變　　　●●●○○
原來的人設就已經很奔放了

覺醒機率　　　疾病狀態解除

神農氏 ♂

整體保留了頭角崢嶸、身體透明可以看到內臟的形象。髮型參考了二世紀武梁祠壁畫。

肩上扛著的均為香港發現植物,分別為香港鳳仙、香港茶、小花鳶尾,對應神農嚐遍百草的傳說。

手上拿著的稻穗對應神農為農業神。

紅色圍巾發想自東華三院徽號。

神農見首亦見內臟

相關訊息

1 不是使用
大字爆炎那個

2 好奇透明度
是多少 %

3 半糖少冰
加珍珠茶農

1 神農又名炎帝，傳說祂在阪泉之戰敗於黃帝手下。很難想像有高階火焰能力又能用草葉回復的炎帝是怎樣輸的。

2 神農非常著名的一點，是祂的身體透明，可以觀察到草藥對內臟的影響。坦白講祂真的不能夠便秘。

3 《茶經》記載飲茶亦是來自神農，《神農本草經》則指神農以飲茶來解除日常嘗試草藥的毒性。要不是神農你就沒廢水喝了。

能力值

神力 ●●●●○
火屬性補師

流行創作量 ●●●○○
一般都被歸類在遠古組

本土知名度 ●●●○○
人設特別但人氣一般

掌管範圍 ●●●○○
廢水業應該沒有把他奉為行業神

幻變 ●●●○○
亦有是一整個部落的講法

醫療技能　　農業技能

[san4 nung4 si6]

神農氏

　　神農是遠古神話人物，普遍認為祂是與黃帝同時代的部落首領炎帝，兩者一併被奉為華夏文明的始祖。傳說神農既發明了耕種五穀的方法，更曾經親身嚐遍百草，建構出以草藥治病的體系，因此又被視為中醫的始祖。值得一提的是，神農信仰作為農業神和醫藥神，在日本、台灣等地都頗為興盛，在越南甚至被視為始祖。

人和神的關係亦需要培養

　　神農作為炎帝的信仰在香港相對不算常見，神農信仰本身則較為人知，其中又以東華醫院供奉神農氏最為公眾熟悉。東華醫院作為香港華人群體代表機構的地位，原本繼承自上環文武廟，然而作為中醫醫院，東華董事局最終未有繼續奉祀文武二帝，而是選擇奉祀神農。宗教學學者危丁明教授指出，此舉顯示當代華人領袖逐漸由高舉傳統和信仰，轉變成傾向務實和世俗。只限內部參拜的神農信仰，令無法參與其中的公眾失卻了「（對）神聖的共同感」，自然衍生出「世俗權力取代神祐」的形象。

　　1894 年，香港爆發鼠疫，東華醫院被夾在主張西方醫學的香港政府，以及恐懼西醫的華人之間，最終使東華在華人間的威信大打折扣。對其時仍然相信瘟疫與鬼神相關的華人群體來說，缺乏足夠的共同信仰基礎，或許是東華無法取信於他們的一個遠因。

順 手 推 坑

香港西醫發展史（1842-1990）

羅婉嫻著。2018 年中華書局

作者從香港開埠早期開始，描述了近一個半世紀的西醫發展歷史。今日我們視接受西方醫療和公共衛生觀念為理所當然，但對十九世紀的香港華人而言，西方醫學是完全無法理解的另一個系統。1894 年爆發的鼠疫，既顯示出中醫當時的不足，亦顯示了香港華人對西醫的抗拒和恐懼。自此香港政府大規模引入西醫，務求擴大西醫對華人的接觸面，加快他們接受的進程。神祇和中醫在鼠疫敗陣，包括西方醫學在內的現代觀念，最終形塑了我們今日理所當然的認知。

羈絆

神農是遠古的部落領袖之一，但在祂的時代，黃帝才是成為部落共主的勝利者。

P.170 黃帝

西國大王 ♂

出於西國大王的字面意義，定調了整體的歐洲中世紀風格服飾。實際上部份講法提及，西國大王一名，的確是種草工人源於牛奶公司為西方公司而命名。

對應牛奶公司的歷史，帽上繪有乳牛花紋，手上亦拿有牛奶。

綠色調髮型對應西國大王為種草工人信奉的歷史。

仿如波浪的披風，對應薄扶林一帶知名的瀑布。薄扶林瀑布早在香港開埠前已被記載為「新安八景」，稱為「鼇洋甘瀑」。

「薄扶林隱世……」咦用過了

[sai1 gwok8 daai6 wong4]
西國大王

　　西國大王是海陸豐人的信仰，有掌管鬼魂之能。1886 年，名醫白文信、遮打等商人創辦牛奶公司，從海外進口乳牛，並於薄扶林興建牧場，開始香港在地的乳牛畜牧業。牧場僱用大量海陸豐人從事種草、割草等工作，亦為他們在附近建造了宿舍，有關宿舍則因為員工工作性質被稱為「草寮」。草寮日漸演變出在薄扶林一帶居住的海陸豐社群，後來出於驅鬼或者驅疫等原因，他們開始奉祀家鄉的傳統信仰西國大王，並每年在盂蘭節時祭祀。牛奶公司的管理層出於尊重，亦會斥資贊助祭祀。即使牧場最後因為牛奶公司遭收購而結業，草寮村民仍然保有祭祀西國大王的習俗。最後順帶一提，據天主教研究中心研究，草寮居民與鄰近信奉天主教的太古樓宿舍居民時有紛爭。

能力值

神力
驅鬼和驅疫實在算常見
◆ ◆ ● ● ●

流行創作量
素材太稀少了
◆ ◆ ● ● ●

本土知名度
薄扶林居民亦未必聽過
◆ ◆ ● ● ●

掌管範圍
連牧場也結業了
◆ ● ● ● ●

幻變
先要有傳說才有流變
◆ ● ● ● ●

 疾病狀態解除 　　 鬼魅抗性

綏靖伯 ♂

牛仔帽裝飾參考廣福義祠神像。

整體的牛仔警長裝扮，對應綏靖伯擅於緝盜的描述。

眼中的異樣紫色火光，發想自綏靖伯死後顯靈，使賊人內訌的傳說。

背心外套花紋參考廣福義祠外牆的塗鴉壁畫。有關壁畫曾引起爭議，但無疑是香港廟宇一道獨有的風景。

上環抗疫之星

[soey1 dzing6 baak8]

綏靖伯

相傳綏靖伯本名陳仲真，十三世紀時在宋帝國任屯田校尉，在剿匪時遭對方毒殺，然而死後顯靈向敵人使出了［內訌］技能令對方自相殘殺。普遍認為香港主要的綏靖伯信仰，始於十九世紀香港爆發瘟疫，台山人陳天申於家鄉迎來綏靖伯以祈疫情平息，相關年份上則有 1869 年或 1896 年兩種常見講法。香港鼠疫期間，華人群體既有組織和中醫醫療體系無法應付，連帶東華醫院威信亦大受打擊。那麼從異地請來神明為香港鎮疫的舉措，或許在另一角度暗示了時人對過往的社會組織、醫療甚至宗教體系失去信心。

能力值

神力　●●●●●
可否讓鼠疫桿菌內訌

流行創作量　●●●●●
類似的設定有點常見

本土知名度　●●●●●
一般很可能是先從書中看到的

掌管範圍　●●●●●
地區抗疫神明

幻變　●●●●●
傳染病的變化更大

疾病狀態解除

三太子 ♂

由三太子操縱機械的形象，蛻變自深水埗三太子廟前後按大小排列的三尊三太子神像。

風火輪以無人機型態描繪，配合現代科技的風格。

乾坤圈、火尖槍、混天綾等三太子知名法寶亦一一描繪，其中混天綾花紋參考深水埗三太子廟神壇布幡。

機械設計大量使用植物元素以營造有機感，既對應三太子藉蓮花重生的傳說，亦重現了傳統中祂三頭六臂的形象。

魔法蓮花人造人

相關訊息

① 並沒有搭載
NT-D 系統

② 登入
即送神裝

③ 鴨鴨
那麼可愛

① 道教中有講法描述三太子本為身長六丈的大羅仙，受玉帝命令托胎下凡。沒有概念的話，六丈大約就是台場獨角獸高達的高度。

② 《封神演義》描述哪吒出生時已經持有法寶乾坤圈，乾坤圈的攻擊力之高，甚至足以讓一轉的哪吒擊殺龍王三太子。

③ 傳說三太子削骨還父、削肉還母後，一群鴨子保護了祂的遺體免被禿鷹所食，因此善信不能以鴨肉祭祀三太子。

能力值

神力 ◆◆◆◆◆ ◆
戰力極高

流行創作量 ◆◆◆◆◆ ◆
畢竟人設就是帥

本土知名度 ◆◆◆◆◆ ◆
不知道祂有廟宇供奉的香港人可能更多

掌管範圍 ◆◆◆◆ ◆ ◆
信仰興盛的神明

幻變 ◆◆◆ ◆ ◆ ◆
維持善戰的形象

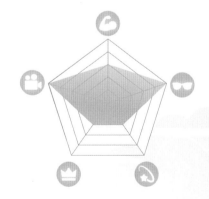

疾病狀態解除

[saam1 taai3 dzi2]

三太子

一般相信三太子原來是佛教四大天王當中北方多聞天王的兒子哪吒，為降服惡人的護法神。祂的形象後來為道教吸收，影響了民間小說創作，成就《封神演義》中著名而且年輕的哪吒形象。相傳哪吒殺死龍王三太子，為免連累父母而削骨還父、削肉還母，死後遭父親李靖打碎金身。因此在藉由蓮花重新化身人形後，哪吒和李靖對立，以至否認雙方的父子關係。最後哪吒被李靖以金塔制伏，但憑著參與周王國伐紂之戰的戰績成神。

有點激烈的反叛期

哪吒故事的結構有豐富的文化意涵：其一是哪吒透過放棄肉身重生成神，成就真正使命，顯示出古人認為死亡不但不是終結，乃是另一個可能更重要的開端；哪吒和生父李靖激烈的衝突，則反映了弒父情結在華夏文明下特有的展開。男性在這種父權體制下產生強烈自主性，期望成為家長，造成父子權力間的張力，並體現在哪吒的反叛，以至藉拋棄肉身否認父子關係的極端「不孝」表現。丁仁傑教授提醒我們，哪吒終究沒有弒父，反而是李靖以燃燈道人給予的金塔壓制哪吒，將兒子的反叛轉化成他們一眾伐紂「正義之師」的動能。

香港的三太子信仰相對不算興盛，主要見於深水埗三太子宮。1894 年香港爆發鼠疫，深水埗的惠陽打石工人從粵地迎請三太子到港驅疫，並在疫情平息後建廟奉祀。

寺廟

深水埗三太子宮

深水埗三太子宮最遲於 1898 年建成，是香港唯一主奉三太子的廟宇。三太子宮和北帝宮相鄰，兩廟均有奉祀其他神明，北帝宮亦會每年舉辦文昌開筆禮。

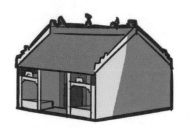

順 手 推 坑

都市神域：香港人的聖殿與廟宇

林皓賢、方金平、孔德維、韓樂憫編。2024 年秀威資訊

此書由多位研究者結合田野考察寫成，探討香港不同的宗教場所和社區的互動，其中亦包括深水埗三太子宮。坦白講本書以同類主題而言，算是非常欠缺田野考察，因此在拜讀此書時甚為汗顏。

第三章

神與現代

隨著香港踏入現代，信仰、文化和社會都受到前所未有的衝擊，然而神明和我們的日常仍然有著緊密的連結。

廟產興學

清帝國末年，湖廣總督張之洞主張改全國佛道寺廟為學堂，其後中華民國亦推行過同類政策。寺廟田產往往因此為政府或鄉紳兼併，不少佛教和道教團體南遷到宗教自由的香港，保留了信仰的香火。

第二次世界大戰

二戰期間，日本發動太平洋戰爭，旋即入侵香港。香港在淪陷後進入日據時代，許多宗教團體在嚴峻環境下，仍然盡力救助香港大眾。日據政府政策的傾斜，亦令部份受惠社區的信仰有明顯發展。

現代

許多神明早已成為香港文化的一部份，難以準確判斷祂們傳入的年代。然而，祂們仍然出現在日常生活的周遭，以其方式守護我們。

譚公 ♂

整體的水手服風格對應譚公的
海神性質,帽上亦有海浪圖案。

譚公有頭戴紫金冠顯靈的傳說,
雖然紫金冠並非真的是紫、金
兩色,但這裡考慮到畫面表現
選擇了紫、黃兩色為主調。

鞋上的帆船發想自筲
箕灣譚公廟中善信籌
設的帆船模型。

譚公所坐的岩石,參考筲箕灣
譚公廟前被稱為寶印的大石。
該石實際上比較細小,這裡考
量到畫面表現把其放大。

童顏擔當

相關訊息

① 虎杖遊人

② You are my special

③ 特級聖物

① 傳說譚公出門時會手執木杖，並有老虎為其背負重物，不由得想像譚公為老虎拍屁屁的情境。

② 相傳二戰時譚公顯靈，從日軍炮火中保護了筲箕灣譚公廟，後來亦曾在火災中再次保護了該廟。

③ 筲箕灣譚公廟前的大石，相傳是譚公的寶印，戰後香港政府在當地填海，據講每次打算施工清除該石時都有工人受傷。

能力值

神力 ●●○○○
駐顏術可能有 5

流行創作量 ●○○○○
少年法師聽起來大有可為

本土知名度 ●●●○○
區內著名神明

掌管範圍 ●●○○○
譚公道譚公廟據講在日據時被毀

幻變 ●●○○○
幾個來源講都是法師

【海洋地形適性】 【捕魚技能】

譚公

譚公傳說眾說紛紜,有指祂原名譚德,是十三、四世紀時的惠州人。相傳祂小時候已能為人治病和預知未來,在十二或者十三歲得道成仙,說明祂可能是年少時離世的覡(即男巫),其後受人供奉。譚公亦有預知甚至掌控天氣之能,因此被漁民等需要出海謀生的族群奉為海神。

藝術就是阻止爆炸

香港現今相對有規模的譚公信仰,來自惠州來港的打石工人。香港出產花崗岩,打石業在十九世紀初已頗有規模,其中筲箕灣聚集了不少石商和為其工作的工人,他們在 1905 年建成了筲箕灣譚公廟。該廟在 1940 年代有頗多傳說:1941 年日軍進攻香港,據講炮彈即使落於廟前亦成為啞彈(這裡希望補充一點,根據記錄日軍的炮彈本來就時有啞彈);1946 年英軍亞公岩火藥庫爆炸引致東大街大火,據講火勢也於蔓延至廟前停止。

危和機是相對的

1941 年日軍登陸港島後,譚公廟一度遭日軍佔據為臨時指揮中心。日據期間由於香港魚獲有七成是供應軍需,日據政府甚至派出專家,管理香港包括筲箕灣在內的各個漁港,改善了漁民的技術和生活水準。早年筲箕灣和其他地方一樣,水上人處處遭到陸上的漢人歧視,但隨著日據年代和戰後漁業發展迅速,他們的社經地位也水漲船高,使得他們踴躍捐款重修的譚公廟,香火往後甚至比同區更早建成的天后廟鼎盛。

寺廟

筲箕灣譚公廟

◇◇◇◇◇◇◇◇◇◇◇

筲箕灣譚公廟建於 1905 年，一度
在 1944 年重修。1944 年的重修
碑記《重修譚公仙聖廟碑記》，是
香港日據年代少數的同類記錄之
一。歷史學者陳子安認為，碑記反
映了在日治年代，筲箕灣受惠於日
據政府的漁業發展政策，漁業外的
不同行業亦得以照常營業，能夠捐
獻支持譚公廟重修。

羈絆　譚公不是唯一有著未成年形象的神明，亦有如
　　　和合二仙一般在流變間返老還童的神明。

P.102 和合二仙

孔聖 ♂

六角型光環對應「禮、樂、射、御、書、數」六藝，另外行李篋上貼紙其實亦有相關文字。

由於首上圩頂太難處理，這裡結合對孔聖應該經常皺眉思考的想像，特別刻劃了抬頭紋。

衣扣圖案參考孔聖堂外牆雕刻。必須提及的是，孔聖堂為辦學團體而非宗教團體。

行李篋上貼紙除了六藝文字，主題亦有城樓的喪家之狗、曾飾演孔子的周潤發，及中國傳統樂器編鐘。

整體風格發想自孔聖周遊列國的事蹟，設想了乘搭飛機的衣著及攜帶行李篋。另外腰包沒有特別設計，更多是嘗試配合孔聖在世時年紀稍長，對此帶點刻板印象的配件。

兩米級巨人

相關訊息

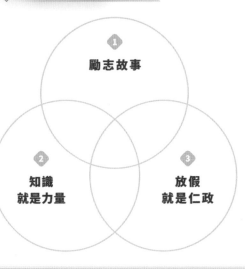

1. 勵志故事
2. 知識就是力量
3. 放假就是仁政

1. 孔聖 50 歲後才出仕魯國，幾年內就在政治鬥爭中掌握權力。機會就是留給有準備的人。

2. 即使以不同度量衡計算，孔聖身高亦接近兩米，據記載祂甚至可以單獨舉起足以關閉國都城門的大型門栓。

3. 雖然香港部份團體至今仍然在孔誕祭孔，但孔誕並非香港公眾假期，不少人一直爭取孔誕成為公眾假期。

能力值

神力 ●●●●●
但擁有天生神力那種神力

流行創作量 ●●●●●
筆者十多年已經用《萌譯★論語》做讀書報告

本土知名度 ●●●●●
華夏歷史人物來說有前五吧

掌管範圍 ●●●●●
儒家一直是東亞顯學

幻變 ●●●●●
儒家思想的變化比較大

學習經驗值　　文人經驗值

[hung2 sing3]

孔聖

　　孔聖本名孔丘，是公元前五、六世紀周王國的思想家，被後世尊稱為孔子，普遍認同他主張復古及講究實際。祂創立的學派儒家，千百年來依然是東亞的顯學，只是後來不免被混入其他學派的思想及解讀。十九世紀末，歐洲泛基督教文明帶來的衝擊激起清國的民族意識，衍生由歷來祭祀昇格為國教的孔教。

孔聖誕老人是不是孟子

　　1909 年，華裔港商劉鑄伯創立孔聖會，其後香港陸續有孔教團體成立，這些團體有意將孔教建構成中國版基督教，一度把孔聖誕推廣成香港華人社群的重要節日。孔聖會熱衷辦學，在 1920 年代香港遭受到中國政治形勢衝擊，接連出現罷工的氣候下，孔聖會中學曾被華人社會領袖視為重要的保守力量，孔聖信仰也切合後來香港總督金文泰推動漢學以鞏固管治的方針。事實上，二十世紀初大量清國遺老南逃香港後，這些尊崇傳統華夏禮教的漢學學者，和以紳商為主的孔教團體形成了強勢的文化圈子，以至道教和佛教組織亦必需回應甚或吸收孔聖信仰。

　　然而孔教團體雖時有興辦孔教會堂，和基督教分庭抗禮的願望，客觀上他們往往局限於個別階級之內，加上新文化運動的洪流席捲而至，最終孔教規模甚為有限，難以在佛教、道教、基督教等作為香港華人主流宗教的競爭中取勝。

寺廟

嗇色園黃大仙祠麟閣

麟閣在嗇色園黃大仙祠草創時已經設置，經歷多次改建和翻新。雖然孔教在香港往往被稱為六大宗教之一，然而香港基本上沒有正式或者主祀孔聖的廟宇，普遍認為座落於嗇色園黃大仙祠的麟閣已經是香港唯一孔廟。「麟閣」之名，則來自麒麟為代表孔聖的神獸。

太上老君 ♂

身上黑白兩色為主的大袍對應太極。

出於「道」一直變化的意象，整體描繪太上老君形象一直變化，並以八卦卦象乾（天）、巽（風）、坎（水）、艮（山）、坤（地）、震（雷）、離（火）、兌（澤）的形態展現。只是出於放射式的畫面表現考量，這裡並非常見的八卦描畫方式。

「老子就是老子」

相關訊息

① Be water

② 神獸
訓練大師

③ 道啦A夢

① 祂化身老子其間寫成的同名著作《老子》影響後世思想深遠,例如「上善若水」。

② 《抱朴子》記載祂有 12 條青龍、26 隻白虎、26 隻朱雀、72 隻玄武、12 隻窮奇、36 隻辟邪,如果火力全開畫面應該很壯觀。

③ 由於《西遊記》改編影視作品太深入人心,祂給人的印象往往就是有大量法寶,以及讓孫悟空突破稀有度的 NPC。

能力值

神力 ●●●●●
道的化身

流行創作量 ●●●○○
大吟釀的名字也算一種?

本土知名度 ●●●●○
《西遊記》帶來的知名度

掌管範圍 ●●●●○
掌管天界

幻變 ●●●●●
道的幻變給 5 是因為這裡最高就只有 5

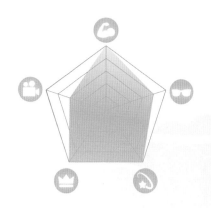

[修煉效果]　　[施法效果]

太上老君

　　太上老君是道教最高的三位神明「三清」之一，與元始天尊、靈寶天尊並列，道教相信公元前八到五世紀期間的思想家李耳，是祂其中一個化身。李耳是楚國人，曾出任周王國官員，《史記》記載他活了一百六十餘歲或二百餘歲。相傳他創立道家思想學派，撰寫了後世奉為經典的《老子》，並被後人尊稱為老子。道家思想日漸被詮釋成二世紀創立的宗教派別道教，雖然兩者性質有關鍵差異，但老子仍然被奉為道教的重要神明之一。

道堂南遷

　　道教信仰和民間信仰向來多有混雜，普遍認同香港比較有規模的正規道教信仰，約在十九世紀末自粵地傳入，直到二十世紀初中國局勢動盪，則有更多粵地的道堂南遷香港，其中以全真派、正一派以及先天道三個宗派相對興盛。

三教合一是顯學

　　由於華人社會向來同時認同儒、釋、道三教，加上香港政府相對重視儒教，部份道教組織開始加入孔聖信仰的奉祀，同時亦和流亡香港的前清文人關係密切。不少道教組織在二十世紀中，逐步承載了透過弘揚三教以傳承華夏文化的功能。1961 年，香港大批道堂籌組香港道教聯合會，成為香港道教的代表機構。從正式扎根香港至今，超過一世紀的發展中，香港道教組織在文教和醫藥等社會福利上，均有莫大的建樹。

宗派

道教有不同宗派，在香港又以全真派、正一派以及先天道相對興盛。

全真派

由於金庸小說流行，全真派大概為大家相對熟悉的宗派。全真派有道、釋、儒三教合一的特色，三教合一亦是今日香港道教團體的主流。

粉嶺蓬瀛仙館

正一派

正一派和全真派是相對有代表性的道教大型宗派。今日我們最容易接觸到正一派的地方，相對以齋醮法事、殯儀儀式等居多。

先天道

粉嶺藏霞精舍

先天道相對重視內丹修煉和恪守規戒，亦有深厚的扶乩傳統，較具民間新興教派色彩，因此一度遭清帝國視為異端。

侯王 ♂

刻意設計成罩臉頭盔，對應侯王未有公論的身份。

仿清國風格盔甲對應前清遺民的投射。

長矛參考九龍城侯王廟兵飾。

木盾文字參考九龍城侯王廟的鵝字石刻。鵝字書體以一筆寫成，廟內另有同樣一筆寫成的鶴字石刻。

宋國隊長

相關訊息

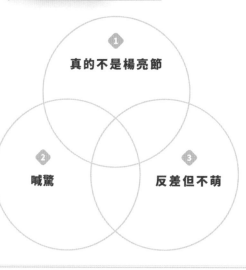

① 真的不是楊亮節

② 喊驚

③ 反差但不萌

① 稍為翻查一下資料，就會看到大家不斷質疑侯王＝楊亮節的講法，但同時它又廣為流傳。

② 相傳祂鎮定了受驚而病的宋帝趙昰，因此有指侯王或許是當地土地公。

③ 和相對不高的名氣相反，祂在香港本地廟宇受供奉的比例意外地高。

能力值

神力 ●●○○○
據講祂有在簽文指引過官員捉賊，嗯

流行創作量 ●●○○○
某程度上陳伯陶的講法也是創作吧

本土知名度 ●●○○○
主要得益自宋王臺

掌管範圍 ●○○○○
大致上就是地方神明

幻變 ●●●○○
連身份也難以確定

恐懼狀態解除

[hau4 wong4]
侯王

侯王身份眾說紛紜，未有一致定論。按 1911 年清帝國被推翻後流亡來港的清國舊臣陳伯陶講法，侯王是十三世紀護送宋帝國皇帝南逃香港，不幸死於途中而下葬九龍的國舅楊亮節，因此亦有人主張侯王即是楊侯。然而有關講法一直備受質疑，例如楊亮節當時早於福建脫隊，流落金門，而且若果他果真在九龍病逝，以國舅身份論亦不至於隨便，甚至不具名地下葬。

大宋盆菜小童

陳伯陶對侯王的描述，大抵出於九龍城侯王廟的地理位置。早在十九世紀，駐守九龍寨城的清帝國官員就透過捐款予侯王廟等方式，連結九龍城鄉民；附近被當地人稱為聖山的宋王臺，亦是來自對宋帝南逃當地的紀念。1915 年，香港總督梅含理打算行使《保存宋王臺條例》列明的港督權力，出售宋王臺聖山以夷平建設，結果因為一眾華人紳商和陳伯陶等文人極力反對作罷。

越來越小的宋王臺

陳伯陶是清國遺民，南逃香港後潛心研究史料，撰寫了大量有關粵地古代遺民的歷史著作，亦經常與其他清帝國遺民於宋王臺酬唱懷念故國。諸如侯王廟供奉的乃是楊亮節等的講法，正是源於陳伯陶針對宋王臺這個宋帝國遺跡書寫的一系列敘事。雖然宋王臺的巨大碑石，後來有如 Nano SIM 卡一般越來越小，然而陳伯陶對侯王的描述，至今仍然不時為人轉述，足見敘事的生命甚至可能比物質更為持久。

寺*廟*

九龍城侯王廟

◇◇◇◇◇◇◇◇◇◇◇

九龍城侯王廟最遲於 1730 年建成，由於靠近宋王臺，陳伯陶主張該廟供奉的侯王為宋帝國國舅楊亮節。廟內「至誠前知」、「折洋鋤盜」、「濯濯厥靈」等牌匾，均由大鵬協軍官或者九龍寨城官員所贈送，充分說明該廟和清帝國官員的連結。

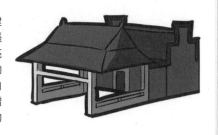

呂祖 ♂

帽上呈太極圖案造型。

收納腰後的刀，是對應呂祖投身 monster hunter 業界，持寶劍四出斬妖除魔的傳說，這裡換成大刀既是為了更有屠魔斬妖的感覺，亦是刻意和整體的魔法少女感衝突。

胸前絲帶參考屯門青松觀牌樓風格，手上的魔法塵拂（？）則是參考打鼓嶺雲泉仙館華表的造型。

整體的粉紅色調魔法少女風格，是發想自呂祖「純陽子」的道號。這裡嘗試擴闊既定形象，描繪粉紅色衣著的男性神明。

八仙上弦

[loey5 dzou2]

呂祖

　　傳說呂祖本名呂嵒，道號純陽，民間普遍都以其表字洞賓稱呼祂。祂是八世紀唐帝國人，隨鍾離權修道成仙，後來又持劍四出斬妖除魔，以今人講法即為近戰法師。呂祖除了是道教供奉的祖師之外，於民間信仰亦名列八仙之一。呂祖傳說在十世紀後開始出現，神格日益提升，約於十六世紀時，道教開始吸納過往被認為是邪說的扶乩儀式，連帶扶乩請求呂祖降示的經文隨之增多。呂祖和扶乩的連結，在後來幾世紀越趨緊密，直到二十世紀初粵地道教團體群起遷來香港，呂祖扶乩信仰亦日漸於香港道壇盛行。相較於修道色彩濃厚的呂祖信仰，八仙則帶有更多傳說及藝術創作色彩，祂們出身於不同階層，但同樣修道成仙的傳說，使祂們特別貼近民間生活，自然亦衍生更多相關創作。

能力值

神力　　　●●●●○
物攻魔攻兩相宜

流行創作量　　　●●●●○
往往以八仙的組合身份登場

本土知名度　　　●●●●○
八仙頗為知名

掌管範圍　　　●●●●●
香港道壇扶乩多請祂降示

幻變　　　●●●●●
一直是道士形象

疾病狀態解除

八仙

[baat8 sin1]

八仙是甚為多元的神明組合，囊括不同性別、年齡、階層形象的神明。祂們廣泛出現在民間藝術創作之中，亦是香港許多廟宇裝飾的主題，反映民間和祂們的親近。

何仙姑

何仙姑是八仙中唯一的女性，相傳祂是呂祖弟子，能夠在山谷間步伐如飛，並每日採野果孝敬母親，每日關注母親吸收膳食纖維及維他命的情況。

韓湘子

韓湘子亦是呂祖弟子，有吹笛奏樂的形象。有指祂是韓愈侄孫，相傳祂預言了韓愈因為諫迎佛骨被貶一事，並多番嘗試度化韓愈。

藍采和

藍采和是八仙中的謎之男子。相傳祂有時作女裝打扮，又會穿著破爛衣服四處唱歌行乞，而且夏天穿著棉衣，冬天睡於雪上。

曹國舅

曹國舅按《宋史》記載名為曹佾，祂一直受皇帝寵信，於 72 歲辭世。傳說中祂以弟弟驕縱犯法為恥，棄官避世修行，最後獲鍾離權與呂祖度化。

鐵拐李

鐵拐李往往被視為八仙之首。相傳祂靈魂出竅後肉身遭弟子火化，唯有借一名右腳已跛的餓死乞丐屍體還魂。

張果老

張果老是修道者，倒騎一頭能夠日行萬里的白驢，並多番拒絕朝廷徵召。不同講法中祂都自稱長壽，最極端的講法甚至指祂自稱是堯帝年代的人。

鍾離權

鍾離權是呂祖之師，因此祂在道教中亦有頗高地位。相傳祂本為將軍，在一次戰敗後隱居修道，後來屢有奇遇，得到眾多仙法成仙。

天照大神 ♂♀

頭巾上的太陽裝飾沿用自天照大神傳統的形象，腰帶綁法則參考了歌川國貞的天照大神畫像。

手袋款式蛻變自香港神社昔日石臺，高跟鞋則對應神社地勢較高的佈局。石臺等神社遺跡的發現，參考了香港歷史研究社成理事於社交媒體上分享的帖文。

基於香港神社沒有完工的歷史，整體用色相對素雅，以強調內斂、低調的印象。淺綠色調則是對應神社現址為動植物公園。

大正公園幻之守護神

相關訊息

① 這點真的會需要介紹嗎

② 不是任何人也可以宅

③ 氣氣氣氣氣

① 傳說天照大神將三神器「八咫鏡」、「天叢雲劍」及「八尺瓊勾玉」傳給日本皇室先祖，成為他們代代相傳的寶物。

② 傳說天照大神被素戔嗚尊惹怒，隱居於天岩戶，導致天地無光，邪惡橫行，直到眾神於天岩戶外載歌載舞，才將好奇察看的天照大神帶出來。

③ 上文提及素戔嗚尊惹怒天照大神，傳說素戔嗚尊不但破壞祂的稻田、在祂的宮殿大便，還殺害祂手下的織女，實在太值得生氣了。

能力值

神力 ◆◆◆◆◇
以至高神來說不算特別強大

流行創作量 ◆◆◆◆◆
有關三神器的創作就更多

本土知名度 ◆◆◆◇◇
大家應該只熟悉天照

掌管範圍 ◆◆◆◆◇
高天原不至於是整個宇宙

幻變 ◆◆◆◇◇
部份傳說中祂是男性神明

農業技能　　鬼魅抗性

天照大神

　　天照大神是日本神道教的太陽神，一般被認為是女神。傳說祂是日本創世神伊邪那岐和伊邪那美的女兒，受父親之命統治天界高天原，後來將「三神器」八咫鏡、天叢雲劍、八尺瓊勾玉賜予孫子瓊瓊杵尊，瓊瓊杵尊的曾孫則是日本首代天皇神武天皇。天照大神被視為天皇和日本皇室的始祖神，在日本歷史上有關鍵地位。

大東亞共榮圈

　　香港在十九世紀已經有日本人定居，亦是明治維新時日本學習西方知識的地方。1941年香港落入日本統治，日本成立香港佔領地總督部管治香港，軍政府將香港視為永久領土，興建忠靈塔及香港神社，以紀念日軍陣亡者。香港神社座落在日軍重新命名為大正公園的香港植物公園，預定會供奉天照大神，原訂計劃中日軍亦會分別於銅鑼灣和中環興建南海神社及香港國民學校神社。具強烈政治宣傳色彩的日本記錄《軍政下的香港——新生的大東亞核心》中，天照大神被稱為「大東亞共榮圈的大親神」及「香港的守護神」。然而隨著日軍戰敗，香港神社沒有完工，香港植物公園在戰後重建，最後更名為香港動植物公園，今日基本上很難看到香港神社留下的痕跡。

建築

香港忠靈塔

香港忠靈塔由日據政府建設，紀念於日本攻略香港時陣亡的日本軍人。該塔被視為「華南戰區唯一忠靈塔」，並說明了日本陸軍把香港視為永久領土，而非一般的中國佔領地。連同逼令香港居民捐獻的 70 萬日圓在內，忠靈塔共耗資達一百萬日圓，日據政府亦以神道教儀式，將一把寶劍埋於地基作鎮塔之用，足見他們對建塔的重視。然而就和筆者家中山積的模型一樣，忠靈塔興建進度緩慢，直到日軍戰敗亦未完工，最終在戰後遭香港政府炸毀，只留下地基。

羈絆

雖然天照大神主要為太陽神，但祂作為母神和農業神的面向，其實和世界各地常見的大地女神有相似之處。

P.190 地母

153

七姐 ♀

飛鼠裝上的幾何花紋，參考坪洲仙姊廟建築風格。

整體以飛鼠裝描繪七姐下凡的形象，配色上嘗試營造奢華時尚品牌的感覺，以對應七姐作為仙女的高貴身份。

衣著風格刻意以「束縛」為設計重心，對應七姐作為女性神明被父權體系束縛的形象。整體動態則傾向下墜而非飛行，對應七姐於傳說中被逼滯留凡間，在身份和處境上的下墜。

父權神話下受害的她者

相關訊息

1 #Metoo

2 董永表示
風評被害

3 賺到錢
就是致勝先施

1 織女傳說最常見的版本，是祂在凡間洗澡時被牛郎偷走並收起衣服而要委身下嫁，現代目光看完全是恐怖故事。

2 織女傳說另一個原型故事，是孝子董永賣身葬父，織女受天帝命令下凡以妻子身份為其織布還債，至少董永本人沒有犯錯。

3 據講香港首辦商業式乞巧大會的是先施百貨公司，不愧是開創香港女性售貨員先河的先施。

能力值

神力 ◆◆◆◇◇
凡人牛郎就可以制約她

流行創作量 ◆◆◆◇◇
話說現代拍這種故事真的好嗎……

本土知名度 ◆◆◆◆◇
小時候聽過但長大後才會怕的故事

掌管範圍 ◆◆◆◆◆
愛是無限大的！

幻變 ◆◆◆◇◇
故事情節大致類近

生育機率　　戀愛機率　　針帶技能

[tsat7 dze2]

七姐

　　七姐最廣為人知的稱呼是織女，祂的故事最早可以追溯到公元前六世紀以前的織女星、牽牛星傳說，於流變之間逐漸加入愛侶遭分隔兩地，只能一年一度在鵲橋上相會的愛情悲劇元素。織女星傳說後來結合了董永和毛衣女兩個傳說的情節，最終發展成現今比較主流的版本：織女下凡被牛郎盜去天衣後被逼下嫁，最終被玉皇大帝強制帶回天庭，每年只能與丈夫牛郎和孩子相會一次。

女性的經濟力量

　　織女傳說顯示了華夏社會中「男耕女織」的理想兩性形象，還有父權體制對女性的壓逼。七姐誕的乞巧習俗中，女性向七姐祈求賜予出色紡織和縫紉手藝以覓得好夫婿，反映了得到夫家認同，才是女性應該追求的事物。但隨著香港女性教育程度和經濟條件，在十九世紀末至二十世紀初日益提升，他們的的經濟力量，主導了這個以女性神明為主角的節慶。七姐誕從此成為大型商業活動，遊樂場和百貨公司均曾舉辦盛大的乞巧會。

We Can Do It!

　　戰後，香港女性地位和話語權進一步提升，逐漸走出「男主外女主內」的傳統思維，許多工廠女工紛紛組織起「七姐會」共同慶祝。七姐誕從祈求姻緣，演變成女性自行建立組織的理由。由此我們亦不難理解，何以當踏入 1960 年代，女性自立相對已經成為主流思想後，七姐誕作為「情人節」開始被更具自由戀愛意涵的西方情人節取代。

寺廟

坪洲仙姐廟

◇◇◇◇◇◇◇◇◇◇

坪洲仙姐廟建於 1954 年，是香港七姐信仰中較具規模，七姐誕慶祝亦比較盛大的廟宇。和很多主奉女神的廟宇一樣，該廟同時亦以求子靈驗聞名。

順 手 推 坑

仙蹤佛跡：香港民間信仰百年

危丁明著。2019 年三聯書局

作者結合了社會層面的因素，描述了香港華人信仰的流變。書中就七姐誕興衰的探討，既揭示了傳統節日在約半世紀間的急速改變，更重要的或許是揭示了香港女性地位的急速改變。實際上，香港歷史中女性神明可以談及的數量和面向，在整體上是遠少於男性神明。從中我們可以再一次思考，過往的歷史敘事是否忽略了對女性，以至其他弱勢群體的書寫。

黃大仙 ♂

羊角造型頭盔發想
自黃大仙叱石成羊
的傳說。

整體的太空服風格，延伸自黃大仙
修煉飛昇的意象。服裝上亦有太極
圖案、乾坤卦象的排氣口等細節。

塵拂造型是牧羊杖的
延伸，考慮到黃大仙
具有法力，亦描繪成
能夠獨立飄浮。

香港境內最知名神祇

相關訊息

仙 nior

②
質量守恆
破壞者

③
人群是
那麼像羊群

① 傳說黃大仙 15 歲時已經入山修道，祂的哥哥在四十多年後才找到祂，後來加入修道的行列，所以技術上黃大仙算是前輩。

② 相傳黃大仙法力高強，能夠把石頭轉化成羊群。筆者估計黃大仙是具現化系或者特質系的。

③ 嗇色園黃大仙祠在農曆年初一的「頭炷香」習俗深受信眾歡迎，甚至要分成子時（晚上 11 時）和午夜 12 時兩段時間以管制人流。

能力值

神力 ◆◆◆◆◇◇
有求必應聽起來很強

流行創作量 ◆◆◆◇◇
《火鳳燎原》的赤松子也算其一

本土知名度 ◆◆◆◆◆
太平清醮有莫大功勞

掌管範圍 ◆◆◆◇◇
以港粵兩地較為常見

幻變 ◆◇◇◇◇
形象算是統一

運勢

黃大仙

　　黃大仙傳說可以追溯到三世紀的晉帝國，據講祂原名黃初平，少時獲仙人指引，由牧羊人轉職為修仙人，亦被稱為赤松子，能夠叱石成羊，無視質量守恆定律將白色石頭變成數萬隻羊。

團結就是力量

　　香港黃大仙信仰中，毫無疑問以黃大仙區黃大仙祠香火最為鼎盛。1920年代，由於粵地軍閥陳炯明以破除迷信為由，大肆拆廟兼併廟產，一批港商就邀請數年前已曾南來香港傳教的道士梁仁菴、梁鈞轉父子，興辦嗇色園赤松仙館承傳香火。嗇色園在草創時已藉扶乩定下以儒、釋、道三教合一傳道的方針，因此在它甚至未站穩腳步的1922年，已闢出香港首座主奉孔聖的殿宇「麟閣」，迎合當時華人精英階級流行孔教的潮流。

取代竹園的黃大仙

　　嗇色園黃大仙祠選址於竹園，自1924年開始贈醫施藥，在日據時代仍然盡力維持服務社區。竹園村則以於香港復界後定居的林氏為主，戰後大量工廠和中國移民遷入竹園，1953年石硤尾大火，促使香港政府從速處理爆發的中國移民人口問題，竹園村亦成為政府遷拆以興建公營房屋的目標。即使竹園村連結附近唇齒相依的九條村落，亦無法阻止當地被拆建為黃大仙徙置區。黃大仙祠香火隨著社區發展日益鼎盛，連帶黃大仙也取代了竹園成為地名，1969年香港政府甚至將黃大仙一名用於大型行政區，為香港本地信仰中首例。

寺廟

蘇屋元清閣

蘇屋元清閣創壇於 1942 年。日據年代，嗇色園黃大仙祠由於鄰近啟德機場，潮籍善信為免受日軍欺侮，從嗇色園請來香火。元清閣創辦者多為潮籍，他們往往經營米業，是以該廟在日據年代仍有餘力施粥賑濟大眾，香火自然更見興盛。

順 手 推 坑

拆村：消逝的九龍村落

張瑞威著。2013 年三聯書店

和目前仍然享有一定權利的新界鄉村相比，九龍鄉村在市區發展下受到更沉重的打擊。作者描述了九龍鄉村由遷界到戰後的發展，其中包括了竹園村民和嗇色園黃大仙祠的一些紛爭。這些故事提醒我們，宗教和社區之間其實存在著張力。

月老 ♂

整體著重營造歡快的形象，因此有著誇張的月亮型金髮和鬍鬚。考慮到月老形象相對年邁，亦有向老派迪士高風格靠攏。

姻緣簿以平板方式呈現，反正原本就是一本書本可以記載天下姻緣的謎之科技。

紅線以從月老袋中發射的方式呈現。

撰寫一世紀的祝禱

[jyt9 lou5]
月老

普遍認為月老是來自約九世紀傳奇小說《續玄怪錄》的角色，祂手執的姻緣簿來自幽冥，以人間無法閱讀的文字記錄了天下的婚姻關係，而按簿中記錄命中注定將要成婚的男女，則會被祂以囊中紅繩綁於腳上相連。儘管故事中未有明示姻緣是出自月老的意志，抑或在其之上的天命，有關的人物設定仍讓月老被視為專掌世間姻緣的存在。月老甚至日漸轉變成受人建廟供奉，祈求姻緣的神明，時至今日亦經常以此身份活躍在文化和創作之中。

能力值

神力 ● ● ● ● ●
不過要記住愛的力量是很強大的

流行創作量 ● ● ● ● ●
王淨王淨王淨王淨王淨王淨（喂）

本土知名度 ● ● ● ● ●
幾乎是華夏文化的愛神代表

掌管範圍 ● ● ● ● ●
愛亦是跨越國家和生死的！

幻變 ● ● ● ● ●
就算變成王淨我也不會給 5 分的

戀愛機率

真君大帝 ♂

桂冠對應真君的大帝身份。

右手手持的香蕉窩夫，是作者於某年真君誕市集食到的，會選擇畫它單純就是因為看起來很可愛。

據學者劉健宇考證，真君大帝應為《二十四孝》中「恣蚊飽血」的主角吳猛，只是相關記憶在流傳間日漸模糊。傳說吳猛能站於白羽扇上渡江，這裡保留白羽扇，但配合春花落的下降姿態改成手持。

給你一個理由去青衣

[dzan1 gwan1 daai6 dai3]
真君大帝

相傳真君大帝本姓吳，是十三世紀宋帝國人，曾經殲滅粵地沿海的海盜，因此廣受地方官民敬重，被尊稱為吳爺。祂死後曾經顯靈，獲宋帝國官方封為真君大帝。今日真君大帝信仰在香港最為人知的面向相信是青衣真君誕，原來的青衣真君廟約於二十世紀初建成，在 1970 年代因為青衣發展成新市鎮遷移到現址。真君是當地水上及陸上族群都奉祀的神明，當地居民亦相信祂屢次以天氣顯靈。青衣真君誕由青衣真君大帝演戲值理會舉辦，直接說明神功戲基本上是賀誕核心，真君誕則會與農曆日期相近的天后誕接連於青衣戲棚舉行。兩個賀誕除了神功戲之外亦有夜市，吸引不少遊客慕名而來。

能力值

神力　◆ ◆ ◆ ◆ ◆
考慮到吳猛版本

流行創作量　◆ ◆ ◇ ◇ ◇
似乎有創作美食漫畫的潛力

本土知名度　◆ ◆ ◆ ◆ ◇
賀誕夜市是知名活動

掌管範圍　◆ ◆ ◆ ◆ ◇
掌握了進入機場的要道（？）

幻變　◆ ◆ ◆ ◇ ◇
對起源的記憶幾乎消失

運勢

華光大帝 ♂

保留了華光大帝三眼的印象。出於有關祂由於欣賞粵劇放棄燒毀戲班的傳說，延伸祂喜愛音樂的想像，因此戴上了耳機。

眼上妝容及背後的靠旗，對應華光大帝為粵劇業守護神。靠旗旗桿則為竹製，對應祂同時是搭棚業的守護神。

西裝形象來自唐滌生等粵劇業者的形象，配色則選擇了令人更易聯想到粵劇戲服的鮮色。

一如傳統形象，華光大帝手上持有法寶金磚。

踏熄火焰的動作，對應華光大帝保祐善信不會遭遇火災的性質。

火的真義不在燒，在藏

[waa4 gwong1 daai6 dai3]

華光大帝

　　一般都認同華光大帝是火神。按粵劇業界內的傳說，華光大帝曾經受命於玉皇大帝，要下凡燒毀戲班，最終卻因為戲曲表演精彩等原因不忍奉旨行事。因此香港粵劇界除了奉華光大帝為行業神日常供奉之外，更有大規模的賀誕活動，其中又以演出經典的吉祥劇目《香花山大賀壽》酬神最為人知。事實上由於火神身份，華光大帝也受香港紮作和武館等各種同樣需要特別防範火災的行業奉為行業神，但或許是粵劇在文化傳播上的優勢，當今往往只將華光信仰與粵劇業界連結。

能力值

神力　　　●●●●●
同時是行業神和火神

流行創作量　●●●●●
以華光為主角的《南遊記》算是冷門

本土知名度　●●●●●
粵劇畢竟是傳統產業

掌管範圍　　●●●●●
主要是行業神

幻變　　　●●●●●
由消防界變成演藝界

燃燒機率下降　　演戲技能

四面佛本為印度教神明梵天，這裡大致
參照了梵天四面四手的形象（後面的
一面無法繪畫），但描繪了半跏趺坐姿
勢，以及大量加入金色調，對應四面佛
的常見形象。梵天的皮膚一般多被描繪
為紅色或金色，這裡糅合成玫瑰金色。

鵝翼的金王冠對應梵
天騎鵝的形象，鬍鬚
造型則參考十八世紀
印度梵天畫像。

梵天

四面佛 ♂

長袍裙擺圖案為梵天的符
號蓮花，並仿照泰國風格
花紋呈現。

手上金條則對應《寶靈條
約》中金條免稅的歷史。
《寶靈條約》是香港時任
總督寶靈以英國代表身
份，於1855年代表英國
與泰國前身暹羅簽訂的條
約，某程度上是香港早期
與泰國的交流之一。

手上的法器大致按傳統四
面佛形象安排，計有神
珠、權杖、鏡子。權杖參
考曾經於附設於九龍灣口
商業大廈一旁的四面佛神
壇神像；鏡子則參考荃灣
竹林禪院神像。

一切都是梵天的一場夢

[sei3 min6 fat9]
四面佛

　　四面佛即梵天，本來是印度教三大主神之一，與濕婆、毗濕奴並列，按印度教講法，祂的四張臉代表方位、階級以至時代等各種不同事物，亦是創造萬物的創造神。祂作為主神的信仰，由於另外兩派的興起而日漸式微。梵天後來為佛教吸收成護法神，出現四張臉代表慈、悲、喜、捨一說，因此漢字文化圈常稱祂為四面神或四面佛。四面佛信仰在東南亞佛教甚為盛行，並隨泰國文化流行於香港。關於香港泰國族群的研究相對較少，普遍流傳他們多於 1970 年代移居香港，其中不少為與華人男性結婚的泰國女性。香港泰國族群聚居九龍城，估計則是源於泰國潮州人族群和九龍城潮州人族群的連結。

能力值

神力　●●●●●
印度教的主神都是超規格級別

流行創作量　●●●●●
我其實蠻喜歡《喜馬拉亞星》

本土知名度　●●●●●
四面佛非常有名

掌管範圍　●●●●●
梵天信仰當代相對不算興盛

幻變　●●●●●
形象的變化意外地沒有太誇張

運勢

黃帝 ♂

黃帝的氏族有指為有熊氏，因此亦有講法主張黃帝的圖騰為熊。

整體刻意迴避黃帝常有的華夏皇帝造型，還原為理論上更接近歷史事實的部落首領形象。

服飾花紋參考粉嶺黃帝祠神像，並嘗試以非洲部落風格呈現，畢竟人類的起源就在非洲。

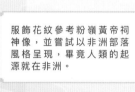

黃帝，矗立於中華之上！

[wong4 dai3]

黃帝

黃帝相傳是遠古時代黃河流域的部落領袖，在公元前一世紀的《史記》當中，記載他姓公孫，名為軒轅。傳說黃帝戰勝了當時另一派系的領袖蚩尤，成為中原部落共主，按《山海經》講法，他們雙方均派出了具有自然屬性神力，可以控制風雨的人物作戰，最終黃帝則派出自己旱屬性的女兒女魃停止對方雨勢，以屬性相剋取勝。包括《史記》的描述在內，黃帝在後世由神話人物演變成華夏文明的先祖，甚至成為十九世紀末中華主義者建構國族的符號。包括香港奉祀的黃帝神像在內，黃帝形象始終類同刻板印象中的「中國皇帝」，「黃帝是中華始祖，中國人是炎黃子孫」的敘事，至今仍然是難以動搖的政治宣傳。

能力值

神力 ◆◆◆◆◆
手下的人物或許比較強

流行創作量 ◆◆◆◆◆
遠古組來說人設不算鮮明

本土知名度 ◆◆◆◆◆
不覺得很多人能說出炎黃是甚麼

掌管範圍 ◆◆◆◆◆
華人世界太大了

幻變 ◆◆◆◆◆
變成五千年文明的始祖

運勢

岳王 ♂

帽上裝飾和劍柄大致圍繞飛鳥的意象。太陽眼鏡的發想來自電影《大軍閥》中主角許冠文的造型。

整體造型發想自岳王軍團的私人性質，選用了軍閥的形象。

披風花紋取材自銅鑼灣岳王古廟閘門圖案。

披風背後繡有「精忠」二字，既是呼應岳王背後紋字的傳說，亦希望使其相對低調。

北伐的方向更適合岳飛

[ngok9 wong4]

岳王

　　岳王原名岳飛，是十二世紀時的宋帝國名將。宋帝國政治中心轉移至南方後，岳飛當時是北伐金帝國的幾名重要將領之一。這些北伐將領各自統領部隊，具有一定自治性質，客觀上為宋帝國財政帶來頗大壓力，其中岳飛最終在主戰與主和的政治鬥爭中失敗，遭下獄處死。岳飛後人其後為其平反，並書寫了有關岳飛北伐事蹟的敘事，加上元帝國為了貶抑金帝國而推崇岳飛，使得岳飛成為漢人的民族英雄，亦被建廟奉祠。有指由於十七世紀的清帝國承襲金帝國，刻意高舉關羽信仰而壓抑岳飛信仰。岳飛作為政治宣傳的英雄，在香港為人熟悉，然而岳飛信仰主要只見於銅鑼灣岳王古廟，據講該廟建於戰前，頗受昔日銅鑼灣警署的警察信奉。

能力值

神力　　　　● ● ● ● ●
秦檜甚至也活到 66 歲

流行創作量　● ● ● ● ●
由《鄂王行實紀年》已經開始

本土知名度　● ● ● ● ●
中國官方的民族英雄

掌管範圍　　● ● ● ● ●
一度可以和關帝信仰相提並論

幻變　　　　● ● ● ● ●
變成奧運選手不算

運勢

昭利聖君♂

整體造型及配色對照岳王，但設計相對樸素以區別身份。

以軍人而言略顯張揚的髮型，對應岳王歷史上會收編地方遊勇等非正規士兵的記載。

保留了昭利聖君上書「善惡分明」的葵扇。另外，由於祂的記載相對稀缺，這裡由善惡分明一點出發，設想祂性格擇善固執，並體現在神情上。

煙管亦是昭利聖君傳統形象中手持的器物，這裡以紫色火焰圍繞其上，以顯示祂在傳說中具有法力。

「觀塘隱世……」
「不要再用了！」

[tsiu1 lei6 sing3 gwan1]

昭利聖君

相傳昭利聖君本名張老蓀，字招利，是十二世紀宋帝國將領，曾經在岳飛麾下作戰，但缺乏他在軍中的具體記載。岳飛在政治路線之爭失敗，死於獄中之後，昭利聖君似乎並沒有和岳飛其他具有私兵性質的舊部一樣，被編入正規軍當中，而是在岳飛家族成員遭流放到的粵地避難。據講祂既通道術，亦時常救濟潮州鄉民，最終甚至為祝禱鄉里平安而投水自盡，亦因此在死後受封為神，職司則有城隍或勾魂使者等不同講法。昭利聖君順理成章地成為潮州族群信奉的神靈，然而必須強調的是，有關信仰客觀來說在香港相對不彰，連帶各種傳說的來源相對亦比較單一。

能力值

神力 ●●●●●
就法力來講說不定比岳飛強

流行創作量 ●●●●●
岳王本身太有名了

本土知名度 ●●●●●
我懷疑是全書知名度最低

掌管範圍 ●●●●●
更接近社區神明

幻變 ●●●●●
記載稀少變化就更少

運勢　　善惡值判定

張飛、劉備♂

劉備的整體造型想像為黑社會頭目，配合史實中劉備勢力別具人情味、頗有江湖氣息的構成。另外而保留了大耳、穿草鞋這些常有的形象。

劉備和張飛的主要配色分別為金黃色和黑白色，參考香港傳統醒獅文化的用色。另外張飛的大衣亦是參考醒獅造型。

張飛背心外套和長褲的橙、紅配色，發想自筲箕灣張飛廟外牆用色。

張飛傳統印象多為手持蛇矛，但和關帝手持偃月刀一樣，牠們史實中並無使用這些武器的記載。這裡以蛇的意象描繪了感覺更為兇悍的鏈鎚，骷髏頭骨造型的鏈身則是對香港三國主題經典漫畫《火鳳燎原》的致敬。

立即變黑晒翼德

相關訊息

① 有沒有一絲半秒張飛

② 大哥絕招是千里追魂劍！

③ 可能是最近代的本土神明

① 由於民間創作中張飛本來從事賣酒和屠豬，據講屠宰業奉張飛為祖師爺。然而有關講法在香港似乎不太流行，香港主奉張飛的廟宇甚至只有一座。

② 筲箕灣劉備廟實際是因為當地已經先後有關羽廟、張飛廟而建成，很期待會有儲成五虎上將廟的一日。

③ 筲箕灣張飛廟中張飛的左護法將軍，是於 2022 年仙逝的鄭興。鄭興正是當初建廟供奉張飛的筲箕灣漁民。

能力值

神力 ●●●●●
歷代的傳說實在不夠多

流行創作量 ●●●●●
關羽張飛劉備趙雲

本土知名度 ●●●●●
甚至連形象都定形了

掌管範圍 ●●●●●
雖然香港鮮肉是中央屠宰的

幻變 ●●●●●
近年變成美少女那些不算

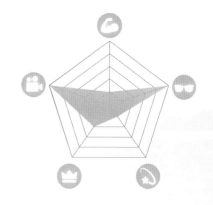

鬼魅抗性　　捕魚技能

張飛、劉備

張飛是三世紀時協助劉備建立漢帝國的重要將領，民間傳說他倆和關羽三人為結義兄弟，但和興盛的關帝信仰不同，張飛信仰相對不為大家熟悉。

降乩身張飛驅鬼邪　建桓廟善信酬神恩

筲箕灣張飛廟是香港罕有奉祀張飛的廟宇。據學者陳子安的研究，該廟建於 1980 年代，源於鄭興之弟鄭寶義中邪，最終覓得一名和他們同樣來自惠東平海，奉張飛為師傅的靈媒，請來張飛降身於他身上為其驅邪。鄭興因此變賣家族的重要資產——漁船，還願建廟供奉張飛，從平海張飛廟迎請張飛分靈到筲箕灣。張飛信仰自此在筲箕灣成為以水上族群為主的信仰，盛大的張飛誕節慶和賀誕競投活動，亦曾改善了當地坊眾會的經濟環境。1990 年代，當地居民在原有的關帝廟、新近建成的張飛廟外，添建了劉備廟。

水上居民居陸上

和今日的刻板印象相反，香港漁業實際上直到戰後仍然有長足發展。羅家輝博士的研究指出，由於戰後漁船的續航力有所突破，加上香港政府為了確保香港海產糧食自給而推動發展，八成香港漁船在 1970 年代已經機動化，當時漁獲不但足夠本土需要，更有餘裕外銷。然而水上人也有了上岸的選擇，後代有更大發展空間，不見得想要承接家業，本地漁業自然青黃不接。當 1990 年代香港政府政策轉向，香港漁船要與鄰近地區競爭越見困難，致使張飛誕的經濟動力伴隨著香港漁業發展同步衰減。

寺廟

筲箕灣張飛廟

⬦⬦⬦⬦⬦⬦⬦⬦⬦⬦

筲箕灣張飛廟建成於 1982 年，附近
除了關帝廟外，亦有座落在更高位置，
以示地位較關羽、張飛二人為高的劉
備廟。

順　手　推　坑

漁村變奏：廟宇、節日與筲箕灣地區歷史（1872-2016）

陳子安著。2018 年中華書局

作者鉅細無遺地詳述了筲箕灣的社區發展，並以區內的信仰流變展示
了不同群體的互動，事實上本書許多有關譚公及張飛信仰的內容，均
大量參照了此書中的講法。筲箕灣社區的傳統信仰，至今仍然別具演
變的動能，它們的發展源流再一次提醒我們，宗教信仰和生活、經濟
以至政治的關連，直到這一刻始終是息息相關。

羈絆　　如果你好奇為甚麼只有張飛、劉備，
　　　　缺少了祂們傳說中的結義兄弟的話。

P.96 關帝

古往今來不少人物均被
奉為門神，這裡選擇了
相對為人認識為門神的
秦瓊、尉遲恭。

髮色發想自吉澳天后宮
由喼喀兵重繪的門神像
用色。

門神

秦瓊、尉遲恭 ♂

唐太宗睡眠質素守護者

頭飾參考半島酒店門神像。

身上的繩和裝甲的橙黑配色，均對應門神起源神荼、鬱壘以蘆葦綁起邪鬼餵食老虎的傳說。

相關訊息

① 老虎有說想吃嗎

② 關帝很忙

③ 反正門神本來就非常多樣

① 最初的門神神荼、鬱壘，能夠用蘆葦綑綁惡鬼，再將其餵給老虎吃掉。祂們因此被畫於稱為「桃符」的木板上，桃符亦是揮春的起源。

② 佛教的門神一般是韋馱菩薩和伽藍菩薩（關帝），但如果這一章我重用祂們兩位的畫像就不免太沒誠意了。

③ 吉澳天后宮的門神由啹喀兵所畫，據講是由他們按照對傳統門神的記憶繪成，因此造型非常獨特。說實話我覺得畫中的腰帶有點可愛。

能力值

神力　◆◆◆◆◆
雖然說睡眠品質是很重要的

流行創作量　◆◆◆◆◇
本書沒有任何啤酒業配

本土知名度　◆◆◆◆◆
和財神一樣是日常用語

掌管範圍　◆◆◆◆◇
這裡實際上是評估神荼、鬱壘的能力

幻變　◆◆◆◆◆
出任門神的古人列表非常長

鬼魅抗性

[mun4 san4]

門神

　　門神本為周王國人住宅內外祭祀的五種神之一，其後多被描繪成傳說中的神荼、鬱壘兄弟，有驅鬼辟邪的能力。隨著時代演變，大量歷史人物以至不同信仰的神明都會被奉為門神，其中以七世紀唐帝國將領秦瓊與尉遲恭最為人熟悉。相傳秦瓊、尉遲恭二人在晚上守於唐太宗門前，為其驅除鬼魅的侵擾。

　　香港的門神畫像多數出現於村屋或者廟宇等傳統建築門前，但或者由於現代香港人居所往往只有一道門，傳統門神畫像日漸罕見。值得一提的是，雖然半島酒店由猶太裔的嘉道理家族掌管，但其門前亦有門神裝飾，他們甚至會以該門神形象製作了肥皂盒作為紀念。比起尊奉個別神明或者神格化偉人的信仰，門神在香港大概更接近一種在地習俗。

財神

玄壇真君 ♂

保留了玄壇真君黑臉形象，髮型則發想自印在美金上面的富蘭克林。

美金。不要問為甚麼畫得這樣隨便，畫太像才會有麻煩。

略帶詭異氣息的綠髮紫眼，對應玄壇真君原來的冥神和瘟神形象。

長褲花紋參考東涌玄壇古廟神像。

改邪歸正發大財

[tsoi4 san4]
財神

　　玄壇真君本名趙朗，普遍多以其表字稱祂為趙公明，約在三至四世紀成書的民間傳說《搜神記》中，記載祂是率鬼害人的冥神，祂後來甚至被描述成為大地帶來瘟疫的瘟神。趙公明整個起源約在十三至十四世紀重啟，成為道教天師張道陵煉丹的守護神「玄壇元帥」。十六世紀的《封神演義》中，祂進一步被描述成代表商王國出戰周王國，英勇戰死的截教道士，最後獲封為「中路天官武財神玄壇真君」（原名更加長），率領包括另外四路財神在內的五路財神，奠定祂作為武財神的面向。按民間流傳，關羽亦為武財神，另外比干、范蠡也是文財神，實際上財神視乎行業和地區有著大量不同的講法。

能力值

神力　●●●●●
要戰力有戰力，要財力有財力

流行創作量　●●●●●
一本《封神演義》已經足夠

本土知名度　●●●●●
主要是財神知名

掌管範圍　●●●●●
現代世界是資本主義的世界

幻變　●●●●●
難得加入我方還有變強的角色

財運

灶君 ♂♀

整體設計理念圍繞謝灶時多以甜食奉祀，延伸到以甜品為主題。傳統習俗認為以甜食奉祀灶君，可以讓灶君向天庭報告時多說好話。

具體有甚麼甜品就不細述了，反正我覺得我畫得沒差到辨認不了。這裡亦沒有只選擇相對本土的食物。

部份傳說把灶君描述成女性神明，因此這裡未有對性別處理得特別明顯。

氣炸鍋都在管轄範圍

[dzou3 gwan1]
灶君

　　灶是古人起火及煮食的設施。早在描述公元前十一世紀周王國禮樂制度的古代著作《禮記》中，灶神已為官方祭祀的五神之一。基於古人煮食習慣和技術的演進，灶神信仰和火神信仰息息相關，部份傳說則把灶神描述為女性神明，形象由老婦或美女均有流傳。（糅合成當今講法說不定就會是美魔女？）灶神其後演變為整個廚房以至家庭的守護神，甚至被稱為司命，有著記載家庭中眾人日常善惡功過，並向天庭報告的職責。這種傳說延伸出謝灶的傳統習俗，其中諸如「官三民四蜑家五」，即朝廷官方、漢人民間、蜑家族群先後於農曆十二月二十三日、二十四日、二十五日謝灶等各種祭祀順序，則顯示出華夏文明對社會階級的劃分以至歧視。

能力值

神力　　　◆◆◆◆◆
你廚藝差不是祂的錯

流行創作量　◆◆◆◆◆
想看美魔女版的灶君

本土知名度　◆◆◆◆◆
貼近日常的神明

掌管範圍　◆◆◆◆◆
我昨天忘記洗碗不算惡行吧

幻變　　　◆◆◆◆◆
煮食設施莫名被增加工作量

煮食技能　　**善惡值判定**

斗姆元君 ♀

整體保留了斗姆三首八臂，分持各式法器的造型，包括長矛、弓箭以及背後高舉的日月。

斗姆有三首或四首的不同演繹，這裡考慮到畫面表現選擇前者，並將豬首形象改成帽狀，以配合整體風格（不然實在有點恐怖）。

雖然這種畫風下很難看出來，但最前面的一雙手，結的是摩利支天手印。

絲帶花紋參照蓬瀛仙館神像。

六十太歲太難畫了

[dau2 mou5 jyn4 gwan1]
斗姆元君

傳說斗姆為一個遠古王國的王妃，號為紫光夫人，發願生出包括北斗眾星在內的九名聖子。斗姆本為星宿信仰，後來在流變間被混入佛教神明摩利支天的形象，由於祂被視為眾星統領，在香港往往與太歲信仰相連。太歲起源自華夏文明對木星運行的天文觀測和對應曆法，日漸演變成每六十年一次的曆法循環，每年均有一名值年的太歲神守護。太歲信仰在香港相對興盛，為堪輿學家頻繁談及，不少港人都會留意自己的出生年和來年太歲有否沖犯，而信眾一般在拜太歲之前，都須要先膜拜斗姆。

能力值

神力　◆◆◆◆◆
法力無邊的星宿之母

流行創作量　◆◆◆◆◆
很偶爾會作為神明之一出現

本土知名度　◆◆◆◆◆
反而是太歲非常有名

掌管範圍　◆◆◆◆◆
北斗七星最遠的天樞距離我們 124 光年

幻變　◆◆◆◆◆
摩利支天的形象太強大了

 防禦力　　 運勢

地母 ♀

地母的大地女神性質，在世界各地文明的神話都有出現。在其他地方神話中，大地女神常常被描述成豐滿的女性，以象徵大地的豐饒，這裡取用了這種形象。

草帽上別的稻穗和手上的蕃茄，對應大地的農業性質。

手執通書對應通書內的地母經。地母經是通書中對來年農業的預言。

長裙設計發想來自地球內部構造。

華裔大地之母

[dei6 mou5]

地母

地母又名后土，是大地之神，后土一名在早期記載中往往被視為後來帶有社會意涵的社神，早期的華夏政權對祭天比較重視，成禮制的祭地要到公元前二世紀漢帝國皇帝劉徹才開始，自此后土日漸成為代表整片大地的神明。出於對大地孕育出生命的類比，大地神的女神形象在世界各地的神話都有出現，但一般認為后土作為女神的形象，要到七世紀末由武王建立的周帝國期間才成形。必須提及的是，「后」原意是統治者稱呼之一，不具備明確性別標籤，是以學者蕭登福教授主張后土形象更可能源於古人對天陽地陰的聯想。亦因為大地有著陰和幽冥等屬性的連結，地母往往亦會以后土之名被供奉在墳墓後方。

能力值

神力 ◆◆◆◆◇
尤其考慮到地球是唯一已知有生命體的星球

流行創作量 ◆◆◇◇◇
比起其他文明的大地母神要少

本土知名度 ◆◆◇◇◇
香港的地母廟相對不多

掌管範圍 ◆◆◆◆◆
大地和幽冥都在範圍內

幻變 ◆◆◇◇◇
維持大地之神的概念

運勢　　農業技能

社稷

衣服（？）中間有接合痕跡，以示社稷為兩名神明。絕對不是我懶得畫兩個神像。

從岩石延伸到rock，描繪了搖滾樂文化中常見的我愛你手勢。

社、稷兩神在現代往往以一個祭壇的形式受祀，因此這裡直接以岩石為整體造型。

右手拿著的米飯對應稷神的農業神性質。

社稷一派的石頭記

[se5 dzik7]
社稷

社稷神本來分別是具有社會性質的土地神「社神」，以及代表五穀農產的農業神「稷神」兩名神明，社、稷兩者合併即為華夏文明作為農業社會對國家的認知。社稷在古代曾經分為兩個祭壇受祀，其後日漸演變為兩者合祭。社稷合祭亦是今日香港比較常見的祭壇模式，不過隨著現代社會和農業距離日漸遙遠，社稷壇受今人重視的程度，客觀上反而不及神格較低，但守護局部地區的土地公。

能力值

神力 ◆◆◆◆◇
進化路線是不是利維坦

流行創作量 ◆◆◆◇◇
人格化程度不足的神明很難創作

本土知名度 ◆◆◆◆◇
大家一般的認知大概都是「國家社稷」

掌管範圍 ◆◆◆◆◇
視乎國土會有多大

幻變 ◆◆◆◇◇
合體後今日幾乎沒有人會分開稱呼社稷

運勢　　農業技能

土地公 ♂

整體造型構想很單純，就是以今人對本土的想像及喜好層疊而成。

最貼地神明

[tou2 dei6 gung1]
土地公

　　土地公又有福德正神之稱，相較於大地神地母、具社會性質的土地神社稷，普遍認同土地公守護範圍是個別的局部地區。祂的出現反映出古代行政規劃的發展，亦因為轄區規模被視為神格相對不高的神明。但正正由於祂的在地性質，以及神格帶來的距離感較小，土地公信仰在見證地區發展之餘，亦比較為在地信眾親近和支持，祂的祭壇遍佈香港各地。其中上水金錢村宗福神廳更是少數建廟奉祀土地公的例子：據講由於幾百年前，當地一名村民蒙社稷大王庇佑逃過朝廷捉拿，後來更成為大官，因此把一般認為不能建廟供奉的土地神福德大王供奉於室內。縱使此處或有混淆社稷和土地公的疑竇，但可以肯定的是，宗福神廳及福德大王誕自此成為村內儀式中心，深受村民重視。

能力值

神力　● ● ● ● ●
雖然可能有區域限制

流行創作量　● ● ● ● ●
因為親民所以出場率不低

本土知名度　● ● ● ● ●
以量取勝

掌管範圍　● ● ● ● ●
還是應該比區議員大啦

幻變　● ● ● ● ●
大量人格化的形象

運勢　　　局部地形適性

195

文章

1. 本地出版

一九九八年香港上水金錢村福德大王寶誕考察報告，譚思敏著。1998 年 7 月《華南研究資料中心通訊》第 12 期，頁 1-6

香港新界大埔碗窰及其陶碗業的興衰，蕭國健著。1998 年《香港考古學會會刊》第 14 卷，頁 156-160

盤瓠神話，陳偉倫著。2003 年《神話與文學論文選輯 2002-2003》，頁 3-8

盤瓠神話，魯嘉恩著。2003 年《神話與文學論文選輯 2002-2003》，頁 9-15

2. 其他地區

我以我血薦軒轅——黃帝神話與晚清的國族建構，沈松僑著。1997 年 12 月《台灣社會研究季刊》第 28 期，頁 1-77

試論北斗九皇、斗姆與摩利支天之關係，蕭登福著。2004 年 12 月《人文社會學報》第 3 期，頁 5-22

后土與地母——試論土地諸神及地母信仰，蕭登福著。2004 年 12 月《世界宗教學刊》第 4 期，頁 1-41

行業神崇拜：香港粵劇行的華光誕，林萬儀著。2008 年 4 月《田野與文獻：華南研究資料中心通訊》第 51 期，頁 21-25

中國龍母與越南蛇母故事初探，林珊妏著。2010 年 9 月《國文學誌》第 21 期，頁 111-134

波羅王朝東印度的密教觀音造像研究，洪莫愁著。2010 年 12 月《世界宗教學刊》第 16 期，頁 1-40

刻在石上的遺民史：《宋臺秋唱》與香港遺民地景，高嘉謙著。2013 年 6 月《臺大中文學報》第 41 期，頁 277-279 及 281-316

道教斗姆對密教摩利支天形象的借用，鄧昭著。2014 年 3 月《國立臺灣大學美術史研究集刊》第 36 期，頁 59-100 及 256

觀音女性神格的形成，兼論其與道教太乙救苦天尊的關係，蕭登福著。2014 年 12 月《成大宗教與文化學報》第 21 期，頁 81-102

消失村落的重聚——香港薄扶林道西國大王廟的盂蘭勝會，陳康言著。2016 年 1 月《田野與文獻：華南研究資料中心通訊》第 82 期，

九龍城「上帝古廟」原址考證，蕭險峰、岑智明、劉國偉著。2016 年 4 月《田野與文獻：華南研究資料中心通訊》第 83 期，頁 1-17

目連救母、妙善救父、哪吒大戰李靖：父系社會中兒子與女兒的主體性建構，丁仁傑著。2017 年 12 月《民俗曲藝》第 198 期，頁 1-62 頁

黎志添教授演講「從乩壇到正祀——明清道教呂祖降乩信仰的發展」紀要，樊俊朗著。2017 年中央研究院明清推動委員會，取自 https://mingching.sinica.edu.tw/en/Academic_Detail/596

織女形象的顛覆與悖異——唐小說〈郭翰〉對神話傳說之沿承與新創，林淑貞著。2018 年 3 月《陳葆文紀念專輯》第 35 期，頁 37-70

神異與多貌——以宗教神話觀點論哪吒太子形象，劉韋廷著。2018 年 9 月《輔仁宗教研究》第 37 期，頁 65-90

灶神神話傳說與信仰研究，劉晉妏著。2018 年國立政治大學

從歷史資料重構 1868 年香港四環盂蘭勝會，林國輝著。2019 年 7 月《田野與文獻：華南研究資料中心通訊》第 95 期，頁 13-24

中國宗教象徵符號中的女性性別：觀音、媽祖和「永恆之母」，P. Steven Sangren 著，丁仁傑譯。2020 年 1 月《華人宗教研究》第 15 期，頁 155-188

臺灣月老廟及其月老百籤研究，郭珈妏著。2020 年國立政治大學

女神拯救父權社會？！女性成神歷程中的性別對話與靈驗展現，丁仁傑著。2021 年 1 月《華人宗教研究》第 17 期，頁 27-81

【專訪】歷史人類學家王明珂：羌族文化與「毒藥貓」傳說，「一截罵一截」的蠻子污名，侯名晏著，2021 年 6 月，取自《關鍵評論網》https://www.thenewslens.com/article/151997

書籍

1. 本地出版

香港廟趣，魯金著。1992 年次文化堂

先天道在香港的蛻變與轉型：論先天道對香港道教發展的重要性，李家駿著。2005 年香港中文大學

人物與歷史：跑馬地香港墳場初探，丁新豹著。2008 年香港當代文化中心

香港民間神靈與廟宇探究，謝永昌、蕭國健著。2010 年香港道教聯合會

香港廟神志，謝永昌、蕭國健著。2010 年香港道教聯合會

鄉土香港——新界的政治、性別及禮儀，華琛、華若璧著，張婉麗、盛思維譯。2011 年香港中文大學

拆村：消逝的九龍村落，張瑞威著。2013 三聯書店

鑪峰古今——香港歷史文化論集 2013，蕭國健、游子安主編。2014 年珠海學院香港歷史文化研究中心

非我族類：戰前香港的外籍族群，丁新豹著。2014 年三聯書店

重光之路——日據香港與太平洋戰爭，鄺智文著。2015 年天地圖書

探本索微：香港早期歷史論集，蕭國健著。2015 年中華書局

圖說香港歷史建築 1920–1945，黃棣才著。2015 年中華書局

香港佛教史，鄧家宙著。2015 年中華書局

近代南來文人的香港印象與國族意識（三卷合訂本），趙雨樂著。2016 年三聯書店

新界百年史，許舒著，林立偉譯。2016 年三聯書店

香港宗教與社會發展，李樹甘主編，羅玉芬、林皓賢、黃樂怡著。2017 年香港樹仁大學商業、經濟及公共政策研究中心

《文帝全書》研究：清代文昌帝君信仰的文獻史，胡劼辰著。2017 年香港中文大學

孤獨前哨——太平洋戰爭中的香港戰役，鄺智文、蔡耀倫著。2017 年天地圖書

皇帝和祖宗：華南的國家與宗族，科大衛著，卜永堅譯。2017 年商務印書館

從民俗學角度論述我國觀音變相，羅悅棋著。2017 年香港城市大學

香港史新編（增訂版）（全二冊），王賡武主編。2017 年三聯書店

香港的顏色：南亞裔，馬克·奧尼爾、安妮瑪莉·埃文斯著，陳曼欣譯。2018 年三聯書店

漁村變奏：廟宇、節日與筲箕灣地區歷史 1872–2016，陳子安著。2018 年中華書局

東方堡壘：香港軍事史 1840–1970，鄺智文、蔡耀倫合著。2018 年中華書局

神聖與禮儀空間：香港基督宗教建築，陳天權著。2018 年中華書局

班門子弟：香港三行工人與工會，何佩然著。2018 年三聯書店

香港西醫發展史（1842–1990），羅婉嫻著。2018 年中華書局

道貫嶺南——廣州三元宮志，潘志賢、梁德華總策劃，黎志添編著，2019 年香港中文大學

逆流而上：戰後香港海洋漁業的發展（1945–1999），羅家輝著。2019 年香港中文大學

半山電梯：扶搖直上青雲路，周文港、鄭宏泰主編。2019 年中華書局

仙蹤佛跡：香港民間信仰百年，危丁明著。2019 年三聯書局

盂蘭的故事，Stella So 漫畫，胡炎松文字。2019 年三聯書店

東華歷史散步，盧淑櫻著。2019 年商務印書館

軍政下的香港——新生的大東亞核心，趙雨樂、鍾寶賢、李澤恩編著，王琪、張利軍譯。2020 年三聯書店

鑪峰古今——香港歷史文化論集 2019，蕭國健、游子安編。2020 年珠海學院香港歷史文化研究中心

節慶與傳播：七夕文化，潘志賢、葉映均、區志堅主編。2020 年中華書局

印度文明史，常盤大定著，陳景升譯。2020 年中和出版

了解伊斯蘭，奧斯曼·楊興本著。2020 年三聯書店

帝國夾縫中的香港：華人精英與英國殖民者，高馬可著，林立偉譯。2021 年香港大學

道妙鸞通：扶乩與香港社會（上、下冊），游子安、志賀市子著。2021 年三聯書店

九龍街道故事，魯金著。2022 年三聯書店

香港諸神：起源、廟宇與崇拜（全彩修訂版），周樹佳著，2021 年中華書局

時代見證：隱藏城鄉的歷史建築，陳天權著。2021 年中華書局

古事尋源——殖民地以外你要知道的事，香港古事記著。2021 明窗出版

觀心自在：香港觀音誕與觀音信仰探源，駱慧瑛著。2021 年天地圖書

善道同行：嗇色園黃大仙祠百載道情，《善道同行一嗇色園黃大仙祠百載道情》編輯委員會編著。2022 年中華書局

鑪峰古今——香港歷史文化論集 2021，蕭國健、游子安編。2022 年珠海學院香港歷史文化研究中心

巴斯家族：信仰、營商、生活與文化的別樹一幟，鄭宏泰著。2022 年三聯書店

香港廟宇（上、下卷），廖迪生編著，華人廟宇委員會策劃。2022 年萬里機構

牧場憶舊，高永康、徐柱君、Ling Ho 策劃。2023 年薄扶林村文化環境保育小組

舊日足跡：香港地區與民生尋蹤，蕭國健著。2023 年三聯書店

香港廟宇閒談，魯金著。2023 年三聯書店

香港眾生七千年——四十古代歷史人物誌，香港古事記著。2024 年蜂鳥出版

2. 台灣出版

關帝信仰與現代社會研究論文集，蕭登福、林翠鳳主編。2013 年宇河文化

海與帝國：明清時代，上田信著。2017 年臺灣商務

伊朗：從瑣羅亞斯德到今天的歷史，麥克·安斯沃西著，苑默文、劉宜青譯。2018 年廣場出版

印度：南亞文化的霸權，湯瑪士·特洛曼著，林玉菁譯。2018 年時報文化

從神話到歷史：神話時代與夏王朝，宮本一夫著。2018 年臺灣商務

中國金融大歷史（二版）：從史上最富有的兩宋到錯失全球霸主的大明朝（西元 960～1644 年），陳雨露、楊棟著。2019 年野人文化

戰後中華民國黃帝論述：以黃陵祭典與教科書為中心（1949–2018），張睿宇著。2019 年國立政治大學

中國思想與宗教的奔流：宋朝，小島毅著。2019 年臺灣商務

獅子山上的新月：香港華人穆斯林社群的源流與傳承，霍揚揚著。2020 年秀威資訊

古代中國與越：中國南方邊境的自我認知與族群認同，錢德樑著，賴芊曄譯。2022 年八旗文化

網上資源

觀塘廟宇實錄，觀塘區議會、觀塘民政事務處編製。2010 年觀塘區議會，取自 https://www.kwuntong.org.hk/publications/KTtemples.pdf

保育香港歷史筆記第三期。2014 年 9 月長春社，取自 https://www.cahk.org.hk/upload/subpage2/48/self/619e051f3c97a.pdf

大埔碗窰窰址單張。2022 年古物古蹟辦事處，取自 https://www.amo.gov.hk/filemanager/amo/common/download-area/pamphlet/wun_yiu_pamphlet.pdf

日佔時期的香港天主教，倉田明子著。取自 https://www.cultus.hk/HKCat/07_08/Kurata_C.htm

天主教研究中心。取自 https://catholic.crs.cuhk.edu.hk/Main/

天主教香港教區檔案。取自 https://archives.catholic.org.hk/

坪洲金花廟。取自 https://www.kamfatemple.org/chinese

香港植物標本室。取自 https://www.herbarium.gov.hk/tc/home/index.html

慈山寺佛教藝術博物館。取自 https://www.tszshan.org/home/new/zh-hk/museum.php

伊斯蘭之光。取自 http://www.hkislam.com/e19/

道教文化中心資料庫。取自 http://zh.daoinfo.org/wiki/%E9%A6%96%E9%A0%81

Britannica。取自 https://www.britannica.com/

Google 藝術與文化。取自 https://artsandculture.google.com/?hl=zh-TW

The Hindu Association。取自 http://www.hinduassociationhk.com/

Incorporated Trustees of the Islamic Community Fund of Hong Kong。取自 https://www.islamictrusthk.org/

界限書店 ｜ BOUNDARY BOOKSTORE

神話香港史
──開埠以來最神的香港史

Ｉ Ｓ Ｂ Ｎ	──────── 978-988-70553-2-7
分類標籤	──────── （1）宗教神話（2）香港歷史（3）圖集

作　者	──────── 倫 @ 化外
責任編輯	──────── 廖詠怡
學術校對	──────── 香港古事記
圖文校對	──────── 劉梓煬
排版設計	──────── 黃綽琦
鳴　謝	──────── 試閱會參加者

出　版	──────── 界限書店
網　址	──────── https://linktr.ee/boundarybooks

初版 2024 年 7 月